陈振轩◎著

巧用

ChatGPT

轻松玩转新媒体运营

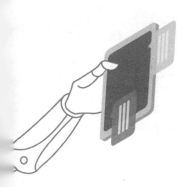

北京大学出版社
PEKING UNIVERSITY PRESS

内 容 提 要

本书从ChatGPT的基础知识讲起，针对运营工作中的各种痛点，结合实战案例，如文案写作、图片制作、社交媒体运营、爆款视频文案、私域推广、广告策划、电商平台高效运营等，手把手教你使用ChatGPT进行智能化工作。此外，还介绍了通过ChatGPT配合Midjourney、D-ID等AI软件的使用，进一步帮助提高运营工作的效率。

本书内容通俗易懂，案例丰富，实用性较强，特别适合想要掌握ChatGPT对话能力的读者和各行各业的运营人员，如互联网运营人员、自媒体运营人员、广告营销人员、电商运营人员等。另外，本书也适合作为相关培训机构的教材使用。

图书在版编目(CIP)数据

巧用ChatGPT轻松玩转新媒体运营 / 陈振轩著. — 北京：北京大学出版社，2023.9

ISBN 978–7–301–34265–7

Ⅰ.①巧… Ⅱ.①陈… Ⅲ.①人工智能 – 应用 – 传播媒介 – 运营管理 Ⅳ.①G206.2–39

中国国家版本馆CIP数据核字（2023）第140805号

书　　　名	巧用ChatGPT轻松玩转新媒体运营
	QIAOYONG CHATGPT QINGSONG WANZHUAN XINMEITI YUNYING
著作责任者	陈振轩　著
责 任 编 辑	刘　云
标 准 书 号	ISBN 978–7–301–34265–7
出 版 发 行	北京大学出版社
地　　　址	北京市海淀区成府路205号　　100871
网　　　址	http://www.pup.cn　　新浪微博：@北京大学出版社
电 子 邮 箱	编辑部 pup7@pup.cn　　总编室 zpup@pup.cn
电　　　话	邮购部 010–62752015　发行部 010–62750672　编辑部 010–62570390
印 刷 者	大厂回族自治县彩虹印刷有限公司
经 销 者	新华书店
	880毫米×1230毫米　　32开本　　7.25印张　　208千字
	2023年9月第1版　　2023年9月第1次印刷
印　　　数	1–4000册
定　　　价	59.00元

ChatGPT是一种基于自然语言处理技术的人工智能模型，使用起来非常简单。你只需输入一个问题，它便会给出一个完整的答案。而且，你提出的问题越准确，它回答得就越详细。这就像程序员通过编程语言与计算机交流，现在我们只需要用自然语言（比如中文、英文等）就能与ChatGPT交流，极大地降低了该技术的使用门槛。

同时，ChatGPT的应用场景非常广泛。例如，运营人员可以用它来撰写短视频文案、策划广告方案，程序员可以用它来辅助编程，而老师、学生则可以让它成为他们的私人助教等。

另外，ChatGPT未来还会推出插件功能，迭代新的模型版本，这就意味着随着这项技术的发展，可能会有越来越多的工作被ChatGPT取代，这将导致职场竞争变得更加激烈。

因此，职场人士需要提高自己的AI技能水平，企业管理者也应尽快了解AI技术能用于哪些领域，才能在这个快速变化的时代中保持竞争力。

ChatGPT在人工智能领域中的用户数量很快超过了1亿，这是因为它的使用方法简单易懂且应用场景广泛，不仅像私人助手，能够辅助你轻松处理各种工作，而且像一本百科全书，几乎可以解答所有问题。

本书内容

本书从ChatGPT的基础知识讲起，针对运营工作中的各种痛点问题，结合实战案例详细介绍了ChatGPT的运营技巧，另外还介绍了ChatGPT与不同AI软件的配合使用，让读者不仅能掌握与ChatGPT对话的能力，同时还能拓展对AI的认知。

　　本书分为 12 章，涵盖的主要内容有 ChatGPT 在运营中的优势与挑战、ChatGPT 的使用技巧，以及将 ChatGPT 应用到文案写作、社交媒体运营、短视频文案制作、广告营销等场景，同时介绍了通过 ChatGPT 配合 Midjourney、D-ID 等 AI 软件的使用，进一步帮助提高运营工作的效率。

本书特色

　　• 从零开始：从 ChatGPT 的基础知识开始讲解，详细介绍如何将 ChatGPT 应用到运营工作中。

　　• 内容实用：结合大量运营工作场景进行讲解，并对同一问题的多次回答和不同模型进行对比。

　　• 应用广泛：不仅讲解了 ChatGPT 在各领域的运营技巧，还讲解了如何将 ChatGPT 与不同的 AI 工具结合起来使用。

　　• 经验汇总：全面归纳和整理了作者的运营工作经验和 AI 工具的使用经验。

　　• 赠送资源：本书所涉及资源已上传至百度网盘供读者下载，请读者关注封底"博雅读书社"微信公众号，找到"资源下载"栏目，输入本书 77 页的资源下载码，根据提示获取。

本书读者对象

　　• 文案工作者，从事文字工作的人员，如作家、活动策划人员等

　　• 互联网运营人员

　　• 自媒体运营人员

　　• 广告营销人员

　　• 电商运营人员

　　• 对 ChatGPT、AI 感兴趣的人员

　　• 自由职业者

## 第 1 章

ChatGPT 在运营中的优势与挑战

随着互联网的不断发展，运营已经成为企业营销中不可或缺的一环。无论是文案写作、图片制作、社交媒体运营、爆款短视频文案，还是私域推广、广告策划、电商运营，都需要高质量的内容和创意来吸引受众的注意力和提高品牌影响力。

ChatGPT作为一种人工智能技术，可以自动生成内容，快速提高运营效率，但也存在文案信息偏差和情感表达不足等问题。

因此，我们需要有针对性地解决这些问题，指导和训练ChatGPT生成符合实际需求和市场变化的文案，并探索ChatGPT和人类协同工作的方式，提高运营质量和效率。

通过这一章我们可以快速了解ChatGPT在运营中的优势和挑战，进而更好地了解它在实际应用中的表现。

1.1 ChatGPT在运营中的优势

ChatGPT在运营中的优势主要包括提高效率、节约成本和拓宽思路。通过使用ChatGPT，可以快速生成高质量的文案，从而丰富运营内容，降低设计方案的时间成本。此外，ChatGPT还可以提供新颖的视角和创意，为运营人员提供更多的灵感和思路。

1.1.1 降本提效：快速生成高质量的文案，提高运营效率

作为一名运营人员，你是否曾遇到过这样的情况：面对费脑的文案撰写任务，每次都需要花费大量的时间和精力，但完成的效果却并不尽如人意。对于运营工作而言，效率是关键，尤其是在如今竞争激烈的市场中，快速响应最新热点和及时发布内容至关重要。

在这样的情况下，ChatGPT 可以为你带来极大的便利。作为一种先进的自然语言处理模型，它能够在短时间内为你生成数百个选题、广告方案、运营文案等。这意味着，你只需要选出其中最优秀的那个方案即可。如此一来，你就能够更快地推进运营工作，节省更多的时间和精力用于策划和执行，进而为你的品牌或业务带来更大的效益和成果。

另外，ChatGPT 还可以帮助你更加深入地了解你的受众。即 ChatGPT 可以分析受众的行为和语言，帮助你更好地把握受众的心理需求和兴趣点，从而让你的运营内容更具爆款潜质。

更为重要的是，ChatGPT 能够轻松应对不同社交平台和群体的文案风格需求，比如对于某个主题，需要按照抖音、小红书等多个平台的风格生成不一样的文案内容，你就可以利用 ChatGPT 在短时间内获得多篇适应性强的文案，让你在激烈的竞争环境中占据时间和成本优势，从而领先于你的竞争对手。

1.1.2 拓宽思路：提供新颖的视角和创意，丰富运营内容

在当今充满竞争的市场环境中，品牌和平台内容的数量日益剧增，运营人员面临着巨大的压力和挑战。由于常受限于既有经验和固有思维，运营人员难以表现出创意，更难以超越竞争对手。

而使用 ChatGPT 作为助手，可以为你带来新的思路和想法。通过输入提示词，ChatGPT 可以自动生成独特的创意和观点，帮助你跳出思维的定式，扩展你的创意空间。另外，你还可以让 ChatGPT 学习竞争对手

的文案和视频脚本，分析竞争对手的特点，以便你更好地了解市场趋势和竞争环境。

因此，与ChatGPT互动和训练可以让你接触到各种不同的创意，激发你的创作灵感，并帮助你更好地理解受众需求和行为。

1.2　ChatGPT在运营中的挑战

在运营工作中，使用ChatGPT能给我们带来极大优势，它不但能提供创意，还能提高效率。然而，在使用ChatGPT时也会面临一些挑战。其中主要的挑战包括可能存在文本主题偏差、缺乏情感表达。这可能导致生成的文案不准确，难以与受众建立情感联系，或者无法准确表达受众需求和心理。

因此，在使用ChatGPT时，需要认识到其缺陷和局限性，并采取相应的措施加以改善。例如，可以通过调整训练数据和引入人工干预等方式来解决这些问题，以提高ChatGPT在运营中的效果。

1.2.1　文案信息偏差：信息滞后，导致生成的文案信息不够及时

在当今快节奏的市场中，新产品的推广和宣传已成为品牌获得成功的关键。然而，如果文案信息滞后，无法充分体现出产品的独特性和卖点，将会使受众大大降低了解产品的兴趣和购买欲望。这正是ChatGPT在文案生成中存在信息偏差的问题的痛点所在。

虽然ChatGPT可以自动生成高质量的文案，但其生成的文案仅仅是依据以往的数据、文案、模式生成的，并不能反映当下市场的最新变化和趋势。比如，一个新型电动汽车公司推出了新款的电动汽车，而ChatGPT的数据来源只能反映以往的销售情况，无法充分体现出该新款电动汽车的独特性和卖点。这就需要运营人员进行一定的人工干预，对ChatGPT生成的文案进行优化和调整，以便更好地体现出新产品的优势和特点。

为了解决这个问题，我们可以提供更为详细和准确的提示词，让 ChatGPT 了解当前市场的最新趋势和变化。同时，我们还可以结合竞争对手的文案和广告策略进行分析和对比，以便更好地发掘新产品的独特性和优势。

1.2.2　情感表达不足：文案缺乏情感，难以与受众建立情感联系

情感是人类交流信息和建立联系的重要组成部分，但对于 ChatGPT 来说，它缺乏了这个人类特质，因此在生成文案时很难表达出真正的情感。以婚纱品牌为例，情感是婚纱品牌传播的核心，而 ChatGPT 生成的文案可能无法传递出品牌的核心价值和理念。

当面临这样的情况时，我们需要寻找解决方案来弥补。

一种解决方案是赋予 ChatGPT 角色和身份，让它更好地理解我们所期望的情感表达。例如，我们可以让 ChatGPT 充当母亲的角色，然后让它根据我们的提示词生成带有母亲口吻的文案，从而增强与受众之间的情感联系。

另一种解决方案是与 ChatGPT 进行互动和训练，让它学习我们想要的情感表达。例如，我们可以提供一些范文或例句，告诉 ChatGPT 这些文案背后所传递的情感是什么，让它逐渐学习如何表达这些情感，从而更好地理解我们的需求和期望。

第 2 章

ChatGPT 的使用技巧

ChatGPT 拥有强大的生成能力，针对不同的输入会给出不同的输出。但如果你不能有效地与它进行对话，也就可能无法得到你想要的回答。因此，学习与 ChatGPT 进行对话的技巧是至关重要的，这将有助于你更好地利用其优势，获得更加符合需求的回答。

2.1 ChatGPT-Prompts提示词的使用技巧

与 ChatGPT 进行对话离不开 Prompts，那么，Prompts 是什么？下面将对其进行介绍，并介绍如何使用 Prompts 提高 ChatGPT 生成回答的质量。

2.1.1 什么是Prompts

ChatGPT 的使用方式是用户先输入文本，然后 ChatGPT 基于机器学习算法生成回答，其输出是随机的，有时可能会产生不相关或不准确的答案。因此，我们需要使用特定的文本来降低它的不可控性，以得到我们想要的答案。

而这种特定的文本就叫作 Prompts，中文翻译为"提示词"。使用 Prompts 的好处在于，它们可以在一定程度上控制 ChatGPT 的输出，从而使生成的文本更符合我们的需求和意图。

同时，通过使用Prompts，我们可以对ChatGPT生成的文本的风格、内容、长度、应用场景等进行控制。如果我们需要ChatGPT生成适合抖音平台的文案，那么我们可以使用适合抖音平台的文案风格的Prompts来引导它，而如果需要其他平台的文案，那么则可以使用适合相关平台的Prompts来引导它回答。

此外，通过在Prompts中使用特定的关键词和短语，我们还可以指导ChatGPT生成具有不同语言风格的回答，如正式的、幽默的、严肃的等。

总之，通过合理地使用Prompts，我们可以更好地控制ChatGPT生成的文本，并获得更加符合我们需求和意图的回答。

2.1.2 如何使用Prompts提高ChatGPT生成回答的质量

在第2.1.1节中我们已经讲述了Prompts是什么及为什么需要它们，接下来，我将通过案例来展示如何使用Prompts提高ChatGPT生成回答的质量。

案例：电影评论短视频文案

我们先不用Prompts，来看看ChatGPT生成回答的效果。

> 提问： 我需要一个短视频脚本，请你介绍一下电影《蜘蛛侠》。

> 回答： 当然，我可以为您创作一份短视频脚本，来介绍电影《蜘蛛侠》。下面是一个简短的脚本提纲，希望可以为您提供灵感。
>
> 镜头一：开场白
>
> 在一个黑色的背景下，我们听到了电影的配乐。然后，一行字幕出现在屏幕上："这是一个关于超级英雄的故事。"
>
> 镜头二：主角彼得·帕克的介绍
>
> 一位青年在城市的街头走动，这就是电影的主角彼得·帕克。旁白响起来，彼得开始自我介绍。
>
> 镜头三：蜘蛛侠的诞生
>
> 彼得在一个实验室里被一只变异的蜘蛛咬了。接下来，彼得

在公园里发现自己拥有了超能力: 飞檐走壁和超人的反应速度。

　　镜头四: 反派的出现

　　反派绿魔是彼得的同班同学哈利·奥斯本的父亲。哈利认为蜘蛛侠是导致他父亲死亡的罪魁祸首,并决定用自己的力量来报复。

　　镜头五: 高潮战斗

　　在这个镜头中,我们看到蜘蛛侠和绿魔的最终对决。这是一场惊心动魄的战斗,动作场面十分精彩,还使用了各种特效。最后,蜘蛛侠赢得了胜利,并救了纽约市的居民。

　　镜头六: 结尾

　　彼得和他的女友玛丽·简团聚,并发誓要永远在一起。然后,字幕出现在屏幕上,电影结束了。

接下来,我们对刚才的提问添加一些提示词,再来看看ChatGPT生成回答的效果。

Prompts　身份角色+明确的需求陈述+具体的需求描述+主题关键词

提问:　我希望你扮演一位做电影评论的中国短视频博主。你将撰写一篇引人入胜、富有创意的解说电影短视频脚本,包含文案、时间点。你可以涵盖剧情、主题和氛围、演员和角色、导演、配乐、摄影、制作设计、特效、剪辑、节奏和对话等方面的主题。然而最重要的是强调这部电影让你感受到了什么。你也可以对电影进行批评。我要解说的电影是《蜘蛛侠》。

回答:　我很愿意扮演一位做电影评论的中国短视频博主,让我来为你撰写一篇引人入胜、富有创意的电影短视频脚本吧!

　　文案:

　　大家好,我是你们的电影评论博主,今天我要给大家带来一部超级英雄电影《蜘蛛侠》。这是一部关于自我发现、责任和英雄主义的电影,充满了惊险、刺激和感人的时刻。让我们一起探索这个世界吧!

时间点: 0:10

Peter Parker 是一名普通的高中生，但当他意外获得了蜘蛛超能力时，他开始了他作为超级英雄的旅程。随着时间的推移，他逐渐发现他的力量与他的责任是紧密相连的，他必须学会如何平衡自己的个人生活和英雄使命。

时间点: 0:45

在影片的导演 Sam Raimi 的执导下，整部电影都非常有节奏感，各个场景和角色之间的过渡非常流畅。此外，电影的配乐和摄影也非常出色，让整部电影充满了紧张和刺激感。

时间点: 1:05

如果你喜欢超级英雄，那么《蜘蛛侠》绝对是一部不能错过的电影。它不仅能让你感到无尽的刺激，还能让你感受到人性的脆弱与坚强。这是一部让你思考人生的电影，也是一部值得反复观看的电影。

时间点: 1:25

这就是今天给大家介绍的电影《蜘蛛侠》。如果你还没有看过这部电影，赶紧去一睹它的风采吧!

时间点: 1:35

结束画面: 感谢大家观看。

可以看到，在按照 Prompts 的格式详细地描述我们的需求之后，ChatGPT 生成的短视频文案更加符合中国短视频平台的文案风格，避免了生硬的文本输出，添加了个人解说，转场也比较流畅，容易获得情感共鸣，大幅度提升了生成回答的质量。

2.2 Prompts的规范及创作技巧

在了解了 Prompts 的概念后，我们需要掌握如何使用它来更好地与ChatGPT 进行对话，并打造适合自己的 Prompts。通过规范 Prompts 的使用，我们可以更好地引导 ChatGPT 生成准确、有用的回答，并在不同的场景下应用它们。

2.2.1　Prompts的规范是什么

尽管ChatGPT在发布后仅几个月内就拥有了上亿的用户，但它还属于发展早期，所以对Prompts的规范也没有统一的说法。

然而，为了提高与ChatGPT对话的效率，更好地指导ChatGPT生成符合要求的内容，通常使用以下规范：

［身份角色］+［明确的需求］+［具体的需求描述］+［反向需求（可选）］+［主题关键词］

下面就来了解规范中的 5 个部分。

1. 身份角色

通过对ChatGPT设定特定的身份角色，可以使ChatGPT更好地理解回答的问题类型。这样可以有效降低信息的偏差，提高生成文本的准确性和可靠性。

案例：电商运营文案

以淘宝运营为例，通过将淘宝运营作为身份角色，ChatGPT可以更好地理解问题背景，提取出产品特点，并更准确地生成符合电商行业风格的文案，提高文本质量和适配程度。

我们在设置提问时，先不对ChatGPT添加身份角色，来看看其生成答案的效果。

> **提问：** 请你帮我写一款欧式风格连衣裙的详情介绍。

> **回答：** 当然可以，以下是一份欧式风格连衣裙的详情介绍。
>
> 这款欧式风格连衣裙由精选的高质量面料制成，其材质为柔软的棉麻混纺面料，可以给人带来舒适的穿着体验。整件连衣裙的设计风格充满欧式优雅，完美展现了时尚与经典的融合。
>
> 连衣裙的领口是甜美的圆领设计，可以让人露出白皙的颈部线条。领口上点缀着浪漫的蕾丝花边，让整个连衣裙显得更加优

美。衣襟前方用小扣子作装饰，排列整齐，让整件衣服看起来更加精致。

连衣裙的袖口设计也十分别致，使用了与领口相同的蕾丝花边点缀，体现了整体感。袖子刚好到手腕处，既不会显得过于严肃，也不会显得过于随意，使人穿起来更显优雅。

连衣裙的腰部收紧，将身材线条修饰得更加优美，让人看起来更加修长纤细。您还可以随意调整腰带的松紧程度，使其更加贴合您的身体。

连衣裙的下摆部分设计宽松，穿上后让人感觉轻盈而舒适。裙摆刚好到膝盖处，既不会显得过于随意，也不会显得过于正式，完美地展现了欧式风格连衣裙的优美之处。

总的来说，这款欧式风格连衣裙是一件完美展现女性优雅气质的服装。

上述提问没有对 ChatGPT 添加身份角色，可以看出生成的回答没有体现出电商销售的特点。接下来我们对 ChatGPT 增加身份角色：淘宝运营。

提问： 我想让你充当淘宝运营，请你帮我写一款欧式风格连衣裙的详情介绍。

回答： 当然可以，以下是一份欧式风格连衣裙的淘宝电商详情介绍。

【品牌】×××

【名称】欧式风格连衣裙

【材质】棉麻混纺

【适用季节】春夏季节

【适用场合】日常休闲、派对晚宴、旅游度假

【商品详情】

欧式风格连衣裙是×××品牌的一款新品，完美地展现了欧式风情。采用高质量的棉麻混纺面料，柔软舒适，透气性佳，适用于春夏季节穿着。

该款连衣裙采用经典的欧式设计，甜美的圆领设计和浪漫的蕾丝花边点缀，让整个连衣裙显得更加精致。小扣子的装饰，让

整个衣襟看起来更加整齐。袖口与领口相同的蕾丝花边点缀，展现了整个连衣裙的协调性和整体感。

该款连衣裙的腰部收紧，修饰身材线条，让人看起来更加修长纤细。可以随意调整腰带的松紧程度，使其贴合您的身体，让您穿上更加自在。

连衣裙的下摆部分设计宽松，穿上后让人感觉轻盈而舒适。裙摆刚好到膝盖处，既不会显得过于随意，也不会显得过于正式，完美地展现了欧式风格连衣裙的优美之处。

这款欧式风格连衣裙适用于各种场合，包括日常休闲、派对晚宴、旅游度假等。穿上它，让您充满优雅气质，成为众人的焦点。我们致力于为您提供高品质的连衣裙，每一款产品都经过精心挑选和检验，确保您的购物体验愉快。我们的服务团队会尽力为您提供最优质的服务。

通过以上两种提问的对比可以发现，对 ChatGPT 设定特定的身份角色比直接在提问中说明需求更加有效。设定身份角色可以帮助 ChatGPT 更好地理解问题，从而生成更加符合使用场景的回答。同时，这样的规范还可以让我们更好地与 ChatGPT 进行沟通和交流，提高对话的效率和质量。

2. 明确的需求 + 主题关键词

对于明确的需求，其实并不难理解，就是我们需要 ChatGPT 生成什么内容。而主题关键词指的是与需求相关的主题或关键词，可以用来帮助 ChatGPT 更好地理解需求的重点，进而生成更加符合实际需求的文本内容。

主题关键词可以包括与需求相关的行业、领域、产品或服务名称，或者是特定的文本要素、术语等。例如，如果需求是要求 ChatGPT 帮助撰写一篇关于健身的文章，那么主题关键词可能包括健身益处、健身方案、锻炼方式、营养餐等。下面就介绍一下是否使用主题关键词的差别。

📑 案例：关于健身的文案

对于该案例，在提问中，我们先不使用关键词，来看看回答效果。

提问： 请你撰写一篇关于健身的文章。

回答： 健身是一种有益的生活方式，可以帮助人们保持健康、增强体质、塑造身材、提高自信心和减轻压力。在这篇文章中，我将介绍一些有关健身的基本知识、健身的好处及如何开始健身的建议。

首先，了解一些健身的基本知识对于新手来说非常重要。健身的训练方向应该根据个人目标和身体条件来制定，比如，增肌、减脂、提高耐力等。在开始健身之前，需要先进行身体评估，了解自己的身体状况，包括身高、体重、身体脂肪率、肌肉量、骨密度等指标。这可以帮助你确定自己的目标和训练计划。此外，选择适合自己的健身方式也很重要，比如举重、有氧运动、瑜伽等。

其次，健身的好处是多方面的。一、健身可以帮助人们保持健康，通过定期的健身训练，可以提高心肺功能，增强免疫系统，降低患病的风险。二、健身可以帮助人们增强体质，通过锻炼肌肉和骨骼，可以增加力量、耐力和灵活性。三、健身可以塑造身材，让人们拥有更好的外表和自信心。四、健身可以减轻压力，缓解焦虑和抑郁症状。

最后，如果你想开始健身，有一些建议可以帮助你更好地开始。例如，先制订一个适合自己的健身计划，包括训练目标、训练时间和频率等；再选择适合自己的健身场所和健身器材。此外，保持良好的饮食习惯和足够的休息也是非常重要的，这可以帮助你获得更好的训练效果。

总之，健身是一种非常有益的生活方式。通过了解基本知识、健身的好处及遵循一些建议，你也可以开始自己的健身之路。

可以发现，ChatGPT生成的这篇文章内容有健身的重要性，但没有突出针对健身训练的建议或计划。为了解决这一问题，我们增加主题关键词"针对不同体重列出不同的训练计划"，内容如下。

提问： 请你撰写一篇关于健身的文章，针对不同体重列出不同的训练计划。

回答： 健身是一种有益的生活方式，可以帮助人们保持健康、增强体质、塑造身材、提高自信心和减轻压力。但是，不同体重的人需要不同的训练计划，以达到最佳的健身效果。在本文中，我将提供适合不同体重的人的训练计划建议，帮助读者更好地进行健身训练。

1. 体重偏轻的人

对于体重偏轻的人，主要的目标是增加肌肉质量和体重。因此，他们应该进行力量训练和饮食调节。以下是一些训练建议：

- 增加摄入蛋白质的量，如鸡蛋、鱼、肉类等；
- 每周进行 3 次以上力量训练，如深蹲、硬拉、卧推、引体向上等；
- 每次训练保证能够完成 8 ~ 12 次的动作；
- 给肌肉充分的恢复时间，不宜每天都进行力量训练；
- 每次力量训练后进行适量的有氧运动，如慢跑、游泳等，以提高心肺功能。

2. 体重正常的人

对于体重正常的人，主要的目标是保持身体健康和提高身体素质。以下是一些训练建议。

- 每周进行 3 次以上有氧运动，如慢跑、骑车、游泳等，以提高心肺功能和燃烧脂肪；
- 每周进行两次以上力量训练，如深蹲、硬拉、卧推、引体向上等，以增强肌肉质量和力量；
- 控制饮食，避免摄入过量的高热量食物，以保持身体健康。

3. 体重偏重的人

对于体重偏重的人，主要的目标是减少体脂和保持健康。以下是一些训练建议。

- 每周进行 4 次以上有氧运动，如慢跑、骑车、游泳等，以燃烧脂肪和提高心肺功能；
- 每周进行两次以上力量训练，如深蹲、硬拉、卧推、引体向上等，以增加肌肉质量和提高代谢率；
- 要控制饮食，避免摄入过量的高热量食物，尤其是含糖和高脂肪的食物；

> · 选择适合自己的运动方式和强度，避免过度负荷，以免引起身体损伤。
>
> 无论体重如何，健身都是一个长期的过程，需要坚持不懈的努力。除了以上建议，还有一些通用的健身原则：
>
> · 充分的热身和拉伸是非常重要的，可以预防受伤；
> · 适量的休息可以帮助肌肉恢复和生长；
> · 坚持锻炼可以培养好的习惯和提高自我意识。
>
> 总之，健身不是一朝一夕的事情，需要长期的坚持和努力。通过选择适合自己的训练计划，保持良好的饮食和生活习惯，以及坚持锻炼，我们可以获得健康、强壮的身体。

通过有无主题关键词的对比可以发现，增加主题关键词可以让 ChatGPT 的输出更加有指向性，从而更好地满足我们的需求。

3. 具体的需求描述

具体的需求描述是指对问题或个人的需求进行完整、清晰的陈述，这可以帮助 ChatGPT 更好地理解问题，进而生成更加准确、符合实际需求的文本内容。这个环节是决定 ChatGPT 能否正确理解并回答问题的重要因素之一。

具体的需求描述包括一些关键词、样例等，这些可以让 ChatGPT 更好地学习和理解用户的需求。如果你需要撰写一份线上营销方案，除了需要提出"我需要一份线上营销方案"的问题之外，还需要具体的需求描述，如营销的产品、方案的目标受众、营销的时间计划、营销目标是销售增长还是提高品牌知名度等。

📇 **案例：撰写线上营销方案**

对于该案例，我们先在提问中给出营销方案主题，不添加具体的需求描述，效果如下。

> 🔟 **提问：** 我想让你充当一位经验丰富的营销专家，请你帮我设计一个关于"AI 壁纸"小程序的线上营销方案。

回答：好的，针对"AI壁纸"小程序，我可以为您设计一个具体的线上营销方案，包括以下几个方面。

社交媒体推广：利用微信公众号、微博、抖音等社交媒体平台，发布关于"AI壁纸"小程序的推广文案和海报，并加入优惠福利等促销活动，吸引用户前往小程序体验。

搜索引擎优化(SEO)：对小程序的关键词和描述进行优化，提高小程序在搜索引擎上的排名和曝光度，增加用户的流量。

联合营销：与相关品牌或电商平台合作，通过协同推广、互换流量等方式，扩大小程序的影响力和用户群体。

用户留存：针对使用小程序的用户，可以通过推送壁纸更新消息、定期举行主题活动、用户社区活动等方式，增加用户的互动和留存率。

以上是一个基本的线上营销方案，需要更具体的信息和目标，才能进一步优化和完善。

以上生成的营销方案稍显笼统，接下来我们增加具体的需求描述：方案的目标受众是 15～25 岁的年轻人，时间计划在 1 个月内，营销目标是提高品牌知名度。

提问：我想让你充当一位经验丰富的营销专家，请你帮我设计一个关于"AI壁纸"小程序的线上营销方案，方案的目标受众是 15～25 岁的年轻人，时间计划在 1 个月内，营销目标是提高品牌知名度。

回答：针对您的需求，我为您设计了以下针对"AI壁纸"小程序的线上营销方案。

社交媒体推广：通过在流行社交媒体平台上发布有吸引力的海报和视频广告，吸引目标受众的注意力，让更多的年轻人了解并下载"AI壁纸"小程序。

博主合作推广：联系影响力较大的博主或网红，让他们使用"AI壁纸"并分享他们的使用心得和使用截图，以吸引更多的粉丝去使用这个小程序。

用户UGC分享：通过鼓励用户将自己使用"AI壁纸"制作

> 的壁纸分享到社交媒体平台上，以此推广小程序，同时增加用户黏性。
>
> 　　线上活动：设计有趣的线上活动，如抽奖活动、分享有奖等，吸引目标受众的参与，提高品牌知名度和用户参与度。
>
> 　　搜索引擎优化：通过优化小程序的SEO，提高小程序的排名，增加曝光率和下载量。
>
> 　　以上方案旨在提高"AI壁纸"小程序的品牌知名度，吸引更多的年轻人下载并使用这个小程序。方案的执行周期为1个月，我们将密切跟踪方案执行效果，对方案进行不断优化。

针对年轻人这一目标受众和提高品牌知名度的营销目标，ChatGPT提出了多种符合调性的方案，如社交媒体推广、博主合作推广、UGC（用户原创内容）分享等，并且结合线上活动设计提高品牌知名度。

相比之下，缺乏需求描述的回答显得比较中庸，只提供了传统的营销方式。因此，具体的需求描述是让ChatGPT生成优质回答的关键。

4. 反向需求

在使用ChatGPT时，有时我们会发现它生成了我们需要的答案，但其中可能也包含了一些我们不需要或无法使用的内容，而且即使重新生成答案也规避不了这一问题。在这种情况下，我们可以使用"反向需求"，禁止ChatGPT的回答出现某些内容。

📋 案例：食品广告文案

以下通过一个广告文案作为演示，这里使用提示词是［身份角色］+［明确的需求］。

> 🔟 **提问：** 请你充当一个广告营销人员，帮我写一个关于健康薯条的广告文案，内容针对的是小朋友群体。

> ⑯ **回答：** 健康薯条广告文案：
>
> 　　亲爱的小朋友们，你们知道吗？现在有一种非常健康的薯条，不仅好吃，而且不会让你们的身体长胖哦！这种薯条是用土豆、橄榄油和优质的谷物制成的，没有添加任何人工色素、防腐剂或

其他有害物质，可以放心食用。

这种健康薯条不仅美味，而且还有助于增强你们的体力。里面含有丰富的蛋白质和维生素，有助于促进身体的生长发育和提高免疫力。此外，它们不会让你们感到口渴或是涨肚，而是能够让你们一整天都充满活力！

如果你们想吃到健康又美味的薯条，就赶快来尝试我们的健康薯条吧！让它们成为你每天的美味伴侣，一起健康成长！

在上面的回答中可以看到，对 ChatGPT 设定身份角色和提出明确的需求，对于生成回答的准确性非常重要，但是在针对小朋友的广告文案中，我们需要更加注重他们关心的方面，即有趣、好玩。因此，我们可以通过在提示词中增加反向需求来规避过于专业的术语，如"人工色素""防腐剂"等专业名词，让广告更加贴近小朋友的需求，提高其吸引力和影响力。

提问： 请你充当一个广告营销人员，帮我写一个关于健康薯条的广告文案，内容针对小朋友群体，要有趣、好玩，避免出现专业名词，如"人工色素""防腐剂"等。

回答： 健康薯条广告文案：

小朋友们，快来看看我们的健康薯条！这不是普通的薯条哦，它们是由超级厉害的厨师制作的，里面有好多好吃又健康的东西！

这些薯条是用天然的土豆和美味的橄榄油制作而成的，不仅口感好，而且很健康！还有，这些薯条有各种各样的形状，如小星星、小兔子、小车车等，绝对会让你们大喊"哇，好可爱啊！"而且我们还有各种好吃的口味哦，比如巧克力味、草莓味等，让你们吃到停不下来！

我们的健康薯条不仅好吃，而且有很多好处！它们里面有很多能够帮助你们变得更强壮、更健康的营养元素，让你们每天都充满活力！还等什么？赶快来尝试一下我们的健康薯条吧！它们绝对会成为你们的新宠哦！

上述提问中通过增加反向需求，成功减少了文案中的专业词汇，同时增加了更多适合小朋友的词汇，如薯条的口感、形状及生动形象的拟声词等。这样一来，ChatGPT生成的结果就更贴合小朋友的口味和需求，增强了与目标受众之间的联系。

2.2.2 如何编写自己的Prompts

在前面的章节中，我们已经了解了Prompts的基本组成部分，接下来我们需要学习如何编写适合自己的Prompts，以满足不同的个性化需求。下面是一些提示步骤，可以帮助你编写适合自己的Prompts。

第一步，明确问题的主题和目标：在编写Prompts之前，需要明确问题的主题和目标。这可以帮助你确定Prompts中需要包含哪些信息，以及如何表达这些信息，即Prompts规范中的［明确的需求］和［具体的需求描述］。

第二步，设定限制条件：ChatGPT可以生成无限多的回答，但有些回答可能不太有用或与自己想要的目标无关。设定限制条件可以帮助ChatGPT更好地理解你的需求，并生成更加有用的回答。例如，你可以设定回答的长度、主题关键词或问题类型等。

第三步，提供充足的上下文信息：为了让ChatGPT更好地理解你的问题和需求，需要在Prompts中提供充足的上下文信息。这些信息包括时间、地点、事件、人物、任务等。

第四步，使用清晰、简洁的语言：在编写Prompts时，需要使用清晰、简洁的语言，避免使用模糊或不必要的术语或俚语、方言。这可以帮助ChatGPT更好地理解你的意图，并生成更加准确的回答。

第五步，采用正确的格式：为了让ChatGPT更好地理解你的Prompts，需要采用正确的格式，包括正确的标点、字母大小写和语法等。

此外，为了避免ChatGPT输出不准确的答案，需尽量避免在同一个对话框中问与之前讨论的主题无关的问题。ChatGPT的上下文功能使其能够理解之前的对话，但如果主题发生了很大的变化，它可能会生成不相关的回答。为了保持对话的连贯性和准确性，在新的对话框中提出新问题时最好不要太偏离原来的主题。

2.3　如何利用上下文记忆功能获得更精确的答案

相比于一般的 AI 对话模型，ChatGPT 最大的特点和优势在于其强大的上下文记忆功能。这意味着我们可以利用之前的对话内容来指导 ChatGPT 生成更加准确和有用的回答。

因此，在使用 ChatGPT 时，充分利用上下文记忆功能可以帮助我们获得更精确和更加符合预期的回答，下面就来介绍上下文记忆功能的特点及使用方法。

2.3.1　ChatGPT的上下文记忆功能

ChatGPT 的上下文记忆功能是指在对话中，ChatGPT 可以通过前面的问题和回答来理解后续的问题，并在后续的回答中结合前面的内容给出更加精确的回答。这一功能使 ChatGPT 的回答更加符合人类的思维方式，同时也使对话更加自然流畅。

利用上下文记忆功能可以提高对话的效率和准确性。例如，如果你在与 ChatGPT 进行对话时，先问了一个有关历史的问题，然后又问了一个有关文学的问题，ChatGPT 就会根据上下文的信息，理解你的问题是有关历史的文学作品，从而生成相应的回答。这样一来，你就能够更加准确地获取所需要的信息，避免在多轮交互中产生误解和重复的信息。

上下文记忆功能还可以应用在许多实际场景中，如智能客服、自然语言处理等领域。例如，当用户咨询某个产品时，ChatGPT 可以通过之前的对话了解用户的需求和喜好，从而推荐更加符合用户需求的产品。

此外，上下文功能也可以用于识别和纠正之前提到的错误或不准确的信息。例如，在一个对话中，如果 ChatGPT 误解了某个信息或是回答错误，用户可以告诉它这个回答不符合要求，那么接下来它将会避免这个错误答案。

2.3.2　上下文记忆功能实战案例

对于 ChatGPT，其上下文记忆功能有不同的使用形式，主要分为以下两种。

1. 基于同个主题进行提问

在提出新问题之前，可以先把对话的主题提供给 ChatGPT，这样 ChatGPT 就可以更好地理解问题并生成更加准确的回答。

案例：小红书风格减肥产品文案

下面的案例先在前面的提问中设定小红书的文案风格，然后给出一款产品，ChatGPT 就会根据前面确定的风格写出后面产品的文案。

> **提问：** 小红书的文案风格：标题引人入胜，常用夸张的手法，每段都包含 emoji 符号，文案称呼常用姐妹们，并在末尾添加相关的 tag。下面我将给你几个选题。

> **回答：** 好的，请告诉我您的选题。

> **提问：** 介绍一款新出的减肥产品。

> **回答：** 好的，以下是一篇可能符合小红书文案风格的介绍新减肥产品的文案。
>
> 标题：瘦身神器来袭！绝对不容错过的新品上市啦！
>
> 姐妹们，你们有没有尝试过各种减肥方法，但始终无法看到显著的效果？别担心，现在有一款绝对不容错过的新产品——产品名（×××）正式上市啦！
>
> 这款产品采用最新的瘦身技术，不仅能够快速燃烧体内脂肪，而且能有效控制食欲和减少脂肪吸收，让你轻松瘦身，恢复自信！
>
> 这款产品的独特之处在于它采用了一种全新的配方，不含任何有害成分，是一种天然瘦身方式。只需要每天坚持使用，就能在短时间内看到显著的效果。
>
> 快来试试这款新产品，成为最美的自己吧！
>
> 末尾标签：#减肥产品推荐 #瘦身秘籍 #自信美人

在这个例子中，第一次提问时先提供了上下文的主题，这样在第二次提问时 ChatGPT 就可以根据主题给我们输出相关的文案。

2. 多轮对话调整

ChatGPT 可以通过多轮对话来获取上下文信息并优化输出内容，生成更加准确的回答。

🗒 案例：查询景点信息

下面的案例是对 ChatGPT 进行多轮提问，但每次提问都与上下文有关。

> 💬 **提问：** 天都峰在哪里？

> ⑥ **回答：** 很抱歉，我无法确定您指的是哪个"天都峰"。在中国，有多个名为"天都峰"的山峰，例如：
>
> 　　天都峰位于浙江省丽水市莲都区；
> 　　天都峰位于江苏省南京市江宁区；
> 　　天都峰位于四川省甘孜藏族自治州康定市。
> 　　如果您能提供更具体的信息，我将尽力回答您的问题。

可见，如果我们编写的 Prompts 过于简单或缺乏必要的上下文信息，ChatGPT 可能无法提供准确的回答。因此，为了获得更准确的结果，我们需要提供足够的信息和上下文，帮助 ChatGPT 更好地理解我们的问题并给出更准确的答案，下面是正确的实例。

> 💬 **提问：** 黄山有什么著名景点？

> ⑥ **回答：** 黄山是中国的旅游胜地，有许多著名的景点。以下是其中一些景点。
>
> 　　1. 莲花峰：黄山的标志性景点之一，峰顶形状像一朵盛开的莲花。
> 　　2. 西海大峡谷：是黄山著名的峡谷景点之一，景色秀美，山清水秀。
> 　　3. 温泉景区：是黄山的一个温泉度假胜地，有多个温泉池提供游客泡浴，可以缓解旅途疲劳。

4. 天都峰：位于黄山的东南角，是黄山的三大主峰之一，是游客登高远眺的绝佳地点。

5. 飞来石：是黄山著名的怪石景观之一，石头形状奇特。

这些景点每年吸引了众多游客前来观光旅游。

🔟 **提问：** 天都峰怎么样？

💬 **回答：** 天都峰是黄山三大主峰之一，也是黄山风景区的重要景点之一。天都峰位于黄山风景区的东南角，海拔 1800 多米，是登高远眺黄山群峰的绝佳地点。

天都峰的景色秀美，山势雄峙，又有云海、日出、晚霞等壮观的自然景观，是黄山风景区中一个不可错过的景点。登顶天都峰可以俯瞰黄山的大部分景色，尤其是远眺北海、玉屏、三叠泉、鳌鱼峰等著名的山峰，景色极其壮观。

登顶天都峰需要一定的体力和勇气，需要攀爬陡峭的岩石和石阶。但是，一旦登上峰顶，你会发现所有的努力都是值得的，因为你将被黄山的绝美景色所震撼。

总之，使用上下文记忆功能可以使 ChatGPT 更好地理解用户的意图，并生成更加准确和贴合实际情况的回答。在实际应用中，可以根据具体情况选择合适的形式来使用上下文记忆功能，以提高对话效率和准确性。

## 第 3 章

用 ChatGPT 解决文案写作难题

在运营工作中，打造爆款内容是至关重要的一环。一篇好的文案不仅可以吸引读者的眼球，也可以促进品牌的传播和产品的销售。然而，对于很多写作者来说，创作一篇好的文案是一个痛苦和费力的过程。这时候，ChatGPT 就可以派上用场了。

3.1 ChatGPT帮助文案写作

ChatGPT 可以帮助解决文案写作中遇到的各种难题，如缺乏灵感、无法扩展文本内容、不了解文案风格、需要改变文本风格等。无论你是写作者还是新媒体运营人员，都可以从中受益，提升内容输出的水平和效率。

3.1.1 文案写作的痛点

写作是一项创造性的工作，即便再有才华，有时候也会遇到一些困难，例如：

- 没有灵感，不知道该写什么；
- 无法扩展文本内容，使其更加充实；

- 不了解各大社交媒体的文案风格，不知从何下手；
- 需要改变文本风格，以适应不同的受众；
- 需要快速搜集相关资料，以提高信息的搜集效率；
- 需要提高文本的生产效率，以更快速地生成高质量的内容。

面对这些困难，可能会让写作者变得很累，很被动，甚至失去创作的动力。

3.1.2 ChatGPT写文案的应用场景

针对文案写作中的痛点，我们可以使用ChatGPT。下面是一些应用场景。

如果你没有灵感，ChatGPT可以帮助你生成关于特定主题的内容，如产品解析、技术分享、用户案例等。

如果你需要扩展文本内容，ChatGPT可以根据你的文本生成更多相关的内容，以使其更加充实。

如果你需要改变文本风格，ChatGPT可以帮助你将文本转换为不同的风格，如专业的、随意的、口语化的等。

如果你需要快速搜集相关资料，ChatGPT可以快速搜集相关信息，并将其整理为你需要的格式。

如果你需要提高文本的生产效率，ChatGPT可以帮助你生成文本的大纲，以及根据大纲续写文本，从而更快速地生成高质量的内容。

3.2 文案创作的ChatGPT基础提示词

ChatGPT可帮助人们进行文案创作，包括简化文案内容、续写文案内容、变换文风、根据主题写大纲和根据大纲写文案等。本节将介绍如何更高效地使用ChatGPT生成文本，提高文本的质量和效率。

3.2.1 概括文案，打造精简高效的内容

在现在的碎片化时代，人们对某些内容的关注时间变得越来越短，而短小精悍的文案更容易吸引他们的注意力。因此，对于文案创作者来说，快速概括文案的关键点，提炼干货，成了创作爆款文案的重要因素之一。

⧉ 案例：根据提示词精简文案

`Prompts` "[需要概括的文章]"将这段文字概括为[数字]个字以内，提炼要点使其易于阅读和理解，避免使用复杂的句子结构或术语。

> ⓾ 提问："ChatGPT 是一种基于自然语言处理技术的人工智能模型，使用了 GPT-3.5 的架构。该模型可以生成文本、回答问题、完成任务等，具有很高的智能化水平和自然度。
>
> ChatGPT 的技术原理主要是基于深度学习模型，使用了大量的预训练数据和模型参数。该模型采用了自回归语言模型和 Transformer 架构，可以有效地处理和生成自然语言文本。通过不断地输入数据和模型训练，ChatGPT 可以不断地优化模型参数和语言模型，提高其智能化水平和自然度。
>
> ChatGPT 的应用场景非常广泛，主要涉及语言交互和自然语言处理方面，如聊天机器人、智能客服、智能助手、智能客户关系管理系统等。此外，ChatGPT 还可以应用于文本摘要、机器翻译、文本分类、语言生成等领域。
>
> 随着 ChatGPT 的发展和普及，它有可能淘汰某些职业，例如，部分客服人员、语言翻译员等。但是，ChatGPT 也会创造出新的就业机会，例如，开发和维护 ChatGPT 系统的工程师、智能应用的运营人员等。
>
> 未来，ChatGPT 将会推动人工智能在自然语言处理方面的应用和发展，进一步提高人们的语言交互和沟通效率，也有望推动人工智能技术在其他领域的应用和发展。同时，考虑到人工智能技术对于人类就业和生活的影响，需要制定相应的政策和规范来引导和管理人工智能的发展和应用。"

> 将这段文字概括为 200 字以内，提炼要点使其易于阅读和理解，避免使用复杂的句子结构或术语。

⑥ **回答：** ChatGPT是一种基于自然语言处理技术的人工智能模型，可以生成文本、回答问题、完成任务等。该模型应用广泛，如聊天机器人、文本摘要、机器翻译等。ChatGPT的发展将推动人工智能在自然语言处理方面的应用和发展，提高人们的语言交互和沟通效率。同时考虑到人工智能技术对于人类就业和生活的影响，需要制定相应的政策和规范来引导和管理其发展和应用。

通过设置提示词，可以简化文本内容。即使缺乏技术背景，也能轻松将这篇约 500 字的 ChatGPT 介绍文字精简为 200 字以内，并提取其核心信息。这不仅能帮助文案创作者快速掌握不同文章的要点，还有助于高效率地创作出更具吸引力的内容。

但是简单的内容概括显然不适合直接发布到媒体平台中，所以我们还需要对其进行优化，操作如下。

📠 **案例：优化精简的文案**

(Prompts) "[需要优化的文案]"请将这段文案以[社交媒体平台]的视频文案风格输出给我。

🔟 **提问：** "ChatGPT是一种基于自然语言处理技术的人工智能模型，可以生成文本、回答问题、完成任务等。该模型应用广泛，如聊天机器人、文本摘要、机器翻译等。ChatGPT的发展将推动人工智能在自然语言处理方面的应用和发展，提高人们的语言交互和沟通效率。同时考虑到人工智能技术对于人类就业和生活的影响，需要制定相应的政策和规范来引导和管理其发展和应用。"

请将这段文案以抖音短视频平台的视频文案风格输出给我。

⑥ **回答：** Hey，大家好！今天要来和大家聊聊人工智能！你们有没有听说过一个叫ChatGPT的AI模型呢？这个模型可以生成文本，回答问题，还能完成各种任务哦！它的用途很广泛，比如聊天机器人、

文本摘要、机器翻译等，真是太神奇了！

　　ChatGPT 的出现将会推动人工智能在自然语言处理方面的应用和发展，提高我们的语言交互和沟通效率，让我们的生活更加智能化！当然啦，我们也要关注人工智能对于人类就业和生活的影响，需要制定相应的政策和规范来引导和管理其发展和应用，让人类和 AI 和谐相处！

　　赶快来跟我一起了解 ChatGPT 吧！一起迎接人工智能的时代！

　　可以看到，它输出的文案已经有了短视频文案的雏形了，但是 ChatGPT 显然不太了解抖音的视频机制及视频脚本，所以我们需要详细地告诉它应该怎么做。

案例：生成短视频文案风格

Prompts　"［需要修改的文案］"请你将这段文案以抖音短视频平台的文案风格输出给我，抖音短视频的视频文案风格：开头第一句话需要一个"钩子"将用户抓住，比如使用数字，30 秒内告诉你 ChatGPT 是什么；比如与观众相关，ChatGPT 会代替的 20 类人，里面有你吗？同时视频内容每隔 5 秒应设置一个吸引观众继续看下去的点；最后，引导用户关注。

> 🔟 **提问：**"ChatGPT 是一种基于自然语言处理技术的人工智能模型，可以生成文本、回答问题、完成任务等。该模型应用广泛，如聊天机器人、文本摘要、机器翻译等。ChatGPT 的发展将推动人工智能在自然语言处理方面的应用和发展，提高人们的语言交互和沟通效率。同时考虑到人工智能技术对于人类就业和生活的影响，需要制定相应的政策和规范来引导和管理其发展和应用。"
>
> 　　请你将这段文案以抖音短视频平台的文案风格输出给我，抖音短视频的视频文案风格：开头第一句话需要一个"钩子"将用户抓住，比如使用数字，30 秒内告诉你 ChatGPT 是什么；比如与观众相关，ChatGPT 会代替的 20 类人，里面有你吗？同时视频内容每隔 5 秒应设置一个吸引观众继续看下去的点；最后，引导

用户关注。

⑤ **回答：** 标题：ChatGPT，人工智能时代的语言翻译神器

画面：展示人们在使用手机、电脑等设备时需要进行语言翻译的场景，如旅游、商务等。

配乐：快节奏的电子音乐。

旁白：30 秒内告诉你 ChatGPT 是什么。你有没有遇到过在国外旅游或商务场合中语言不通的困扰呢？现在，ChatGPT 可以帮你轻松解决这个问题！ChatGPT 是一种基于自然语言处理技术的人工智能模型，它可以生成文本、回答问题、完成任务等。同时，它广泛应用于聊天机器人、文本摘要、机器翻译等领域。ChatGPT 的发展将推动人工智能在自然语言处理方面的应用和发展，提高人们的语言交互和沟通效率。

画面：展示 ChatGPT 的使用场景，如语音输入、机器翻译、问答等。

旁白：同时，考虑到人工智能技术对于人类就业和生活的影响，我们需要制定相应的政策和规范来引导和管理其发展和应用。

画面：展示 ChatGPT 被广泛应用的场景，如旅游、商务、学术研究等，并展示 ChatGPT 的品牌标识。

旁白：如果你也想在语言交流方面更加便利，那么不妨试试 ChatGPT 吧！关注我们，了解更多关于 ChatGPT 的信息，让语言不再是交流的障碍！

通过两次优化，我们成功得到了一份适用于短视频平台的视频文案，这意味着运营人员可以借此轻松地输出大量的短视频内容。

最后，将这三次的提示词进行总结，提示词的主要内容如下：

"[需要概括的文章]"将这段文字概括为[数字]个字，提炼要点使其易于阅读和理解，避免使用复杂的句子结构或术语；概括后，请你以[社交媒体平台]的视频文案风格给我，[社交媒体平台的名称]的文案风格是[描述该平台的文案风格]。

3.2.2　续写文案：扩展文案内容

如果你是新媒体运营或文案创作者，有时可能会遇到写不下去的情况。但是借助 ChatGPT，通过设置提示词，就可以帮助你快速续写文案，提高写作效率，让你更轻松地完成写作任务。

案例：根据开头续写文案

Prompts　请你写一篇关于 [文章主题] 的文章，以下是句子开头，[文章开头]。

> 🔟 **提问：**　请你写一篇关于家庭教育的文章，以下是句子开头，为什么你的孩子总是和你发脾气？

> ◎ **回答：**　为什么你的孩子总是和你发脾气？这是许多家长都会遇到的问题。有些家长认为是因为孩子任性，需要施加更多的压力；有些家长则认为孩子需要更多的自由和尊重。但是，这些方法并不总是有效的。
>
> 　　家庭教育是一个复杂的过程，需要父母们不断学习和探索。在孩子成长的过程中，他们会面临各种各样的情绪和问题，这就需要父母们理解孩子的内心需求，建立良好的家庭氛围。
>
> 　　首先，父母们应该多与孩子沟通，了解他们的想法和感受。当孩子发脾气时，我们应该耐心地听取他们的意见，不要马上反驳或批评。这样做会让孩子感到被尊重和理解，也有助于缓解他们的情绪。
>
> 　　其次，父母们应该关注孩子的情绪和需求。有时候，孩子发脾气可能是因为他们感到无助或失落。在这种情况下，父母们应该给予孩子关爱和支持，让他们感受到自己不是孤单的。
>
> 　　最后，父母们应该与孩子建立积极的互动和亲密关系。这可以通过陪伴、游戏、共同探索等方式实现。当孩子感受到家庭是一个温馨、安全、支持他们的地方时，他们就会更加愿意与父母沟通和交流，也会更加容易接受父母的教导。

> 总之，家庭教育是一个不断学习和探索的过程。在孩子发脾气时，父母们应该多与孩子沟通，关注他们的情绪和需求，与孩子建立积极的互动和亲密关系，这样才能有效地提高家庭教育的效果，让孩子健康、快乐地成长。

只需短短几秒，ChatGPT 就会根据你的需求快速生成文案，但有时可能会缺乏实际案例，显得空洞。为了让文案更加真实、有趣，你可以使用提示词作为补充。

案例：丰富文案内容

Prompts 请你写一篇关于 [文章主题] 的文章，以下是句子开头，[文章开头]，文章要求是 [你的文案需求]。

> **提问：** 请你写一篇关于家庭教育的文章，以下是句子开头，为什么你的孩子总是和你发脾气？文章要求是增加一些孩子的真实案例。

> **回答：** 为什么你的孩子总是和你发脾气？
>
> 在家庭教育中，很多家长都会遇到孩子与自己发生争吵的情况，这不仅影响了家庭和谐，也会影响孩子的健康成长。孩子发脾气的原因有很多，如压力过大、情绪不稳定、对某些事情不满意等。
>
> 举个例子，小明的妈妈最近发现小明总是对她发脾气，无论是在吃饭、做作业，还是在进行日常活动时，只要妈妈提出要求，他就会表现出很不耐烦的态度。妈妈觉得很困惑，不知道这是怎么回事，于是她开始尝试与孩子进行沟通。
>
> 通过和孩子交流，妈妈发现小明的脾气暴躁与他的学习压力有关。小明在学校里很努力，但是由于学习成绩一直处于中游，他感到自己很没用。每当妈妈提醒他要学习时，他就会情绪失控。通过与小明的深入交流，妈妈明白了小明的内心感受，并适时地给予了他支持和鼓励，小明的情绪得到了调节。
>
> 家长们要注意，孩子发脾气不一定是因为他们不听话或是不懂事，也可能是因为他们内心的不安和不满。所以，当孩子情绪

失控时，我们应该以宽容和理解的态度去面对，同时要适当地引导他们表达自己的情感和想法。

在家庭教育中，用心去倾听孩子的声音，并根据孩子的实际情况进行有针对性的教育和引导，才能够帮助孩子更好地成长。

3.2.3　变换文案风格：针对不同场景一键变换不同风格

在创作文案时，我们常常需要针对不同平台、不同群体设定不同的文案风格，以满足不同的需求和口味。而利用 ChatGPT 的多样化语言模式，我们可以轻松地针对不同人群画像进行文案优化。

例如，对于学生群体，我们可以让 ChatGPT 采用轻松幽默的语气，以生动有趣的方式呈现信息，吸引学生的注意力；而对于商务人士，我们可以让 ChatGPT 采用专业严谨的语气，突出内容的可信性和权威性，以满足他们对于信息的精准性和有效性的要求。

此外，针对不同的平台，我们也需要针对不同的受众特点来优化文案风格。例如，在社交媒体上，文案通常简洁明了、具有冲击力，以吸引用户的关注；而在网站宣传页面上，文案则更加详细完整，需要充分阐述产品或服务的特点和优势，以让用户更好地了解和信任品牌。

下面通过 3 个案例来讲解不同提示词可以实现文案风格多样化的需求。

📝 **案例：针对不同群体的提示词**

这里以一篇电视广告文案为例。针对小朋友群体。

Prompts　"［需要优化的文案］"请你针对［面向群体］群体优化这段文案后发给我。

🔟 **提问：**"当今社会，越来越多的人开始关注健康问题，但是对于零食爱好者来说，想要享受美食的同时又不想对身体造成负担，是一件有些棘手的事情。现在，我们为大家介绍一款最新推出的健康薯片——'天然源'！

这款薯片由天然有机土豆制成，不含任何添加剂和防腐剂，口感酥脆，回味无穷。与传统薯片不同的是，'天然源'薯片富含膳食纤维和维生素，不仅能够满足您的味蕾，而且能够帮助您保持健康的生活方式。

我们坚信，健康并不意味着放弃美食，而是在享受美食的同时，选择更加健康的食材和制作方法。选择'天然源'薯片，您将享受到真正的美食与健康的双重益处。快来尝试一下吧！"

请你针对小朋友群体优化这段文案后发给我。

◎ 回答： 嘿，小朋友们！现在我们要给你们介绍一种又好吃又健康的零食——"天然源"薯片！

这种薯片由天然有机土豆制成，不含任何添加剂和防腐剂，可以让你们吃得放心。而且，"天然源"薯片里富含膳食纤维和维生素，能够帮助你们保持健康哦！

我们知道，小朋友们一定喜欢吃零食，但是有时候吃得太多对身体不好。不过，别担心，选择"天然源"薯片就可以享受到美食和健康的双重好处啦！

小朋友们，快来尝试一下"天然源"薯片吧！我们相信，你们会爱上这种健康又美味的零食的！

可以看到，以上文案已经根据"小朋友"群体进行了优化，但这里面的专业术语，如"维生素""膳食纤维"，该群体对其可能不了解也不感兴趣，所以我们需要在这个提示词的基础上增加对该群体的描述，以规避不合适的回答，我们可以将原有提示词进行优化。

Prompts "［需要优化的文案］"请你针对［面向群体］群体优化这段文案后发给我，［人群的描述，文案的需求］。

◎₁₀ 提问： "当今社会，越来越多的人开始关注健康问题……（省略文字）快来尝试一下吧！"

请你针对小朋友群体优化这段文案后发给我，小朋友更喜欢听故事，喜欢生动有趣的内容，不喜欢专业词汇，如"维生素""膳食纤维"等。

回答：　嘿，小朋友们！今天我要给你们介绍一种超好吃、又健康的零
食——"天然源"薯片！

这种薯片和普通薯片不一样哦！它是由天然的有机土豆做成
的，没有加入任何添加剂和防腐剂，你们可以放心地吃哦！

"天然源"薯片的口感也超级棒，酥脆又让人回味无穷！而且
最重要的是，它里面有好多的营养物质，让你们可以更健康地成
长哦！

我们都知道，小朋友们都爱吃零食，但是有些零食对身体不
太好。不过，选择"天然源"薯片就不用担心啦！因为它既好吃，
又健康！

小朋友们，快来尝试一下"天然源"薯片吧！我们相信，你们
一定会喜欢上它的！

通过针对不同人群进行描述并避免不适宜的内容输出，我们可以优
化原文案以满足不同人群的文案需求。这样的优化可以提高文案的专业
度和可读性，同时避免了千篇一律的表达。

案例：模仿某个群体或角色的提示词

在该案例中，我们让 ChatGPT 以一位幼儿教师的视角来讲故事，对
提示词进行优化。

Prompts　"［需要变化的文案］"请你将上述文案用［特定群体］
的视角进行表达，修改文案后发给我。

提问：　"很久很久以前，森林里有一只兔子和一只乌龟。它们一直都在争
论，谁更快，谁更强壮。于是，它们决定展开一场比赛，看看谁
更优秀。

比赛开始了，兔子飞快地跑了起来，很快就跑到了前面。而
乌龟则一步步地爬行，缓慢而稳定地前进。

兔子看到自己领先那么多，便决定在路边小歇一会儿。可是，
当它醒来时，乌龟已经接近终点线了。于是，它赶紧奋起余力，
像一道闪电一样狂奔而去。但是，无论怎样，它也追不上乌龟了。

最终，乌龟抢先爬到了终点，成为胜利者。

这个故事告诉我们，勤奋和坚持不懈是成功的关键，而骄傲和懒惰则会让我们失去成功的机会。就像乌龟一样，虽然它的速度比不上兔子，但是它却坚持不懈地向前爬行，最终获得了胜利。"

请你将上述文案用一位幼儿教师的视角进行表达，修改文案后发给我。

> 回答： 嗨，小朋友们，今天我要给你们讲一个很有趣的故事——《龟兔赛跑》。
>
> 很久很久以前，森林里有一只兔子和一只乌龟。它们一直都在争论，谁更快，谁更强壮。于是，它们决定展开一场比赛，看看谁更优秀。
>
> 比赛开始了，兔子飞快地跑了起来，很快就跑到了前面。而乌龟则一步步地爬行，缓慢而稳定地前进。
>
> 当兔子看到自己领先那么多时，便决定在路边小歇一会儿。但是，当兔子醒来时，乌龟已经接近终点线了。兔子赶紧奋起余力，像一道闪电一样狂奔而去。但是，无论怎样，它也追不上乌龟了。最终，乌龟抢先爬到了终点，成为胜利者。
>
> 这个故事告诉我们，勤奋和坚持不懈是成功的关键，而骄傲和懒惰则会让我们失去成功的机会。就像乌龟一样，虽然它的速度比不上兔子，但是它却坚持不懈地向前爬行，最终获得了胜利。
>
> 小朋友们，我们要像乌龟一样勤奋、坚持不懈，追求自己的目标和梦想，才能成为一个成功的人哦。同时，我们也要像乌龟一样，坚定自己的信念，不被外界的诱惑和干扰所影响，不断努力，终会有所获！

这个案例充分展示了通过赋予 ChatGPT 角色，能给平淡的文案增添趣味，使之更具生命力。这种方式非常适合用于课程视频文案或打造自媒体的个人 IP，更加快速地产出内容。

而除了模仿特定群体进行回答之外，我们还可以让 ChatGPT 模仿某个角色进行回答，这对于影视、短视频行业的运营、文案工作也将大有裨益。

Prompts "［需要变化的文案］"请用［人物名称］的风格进行表达，修改文案后发给我。

⌂ 提问："很久很久以前，森林里有一只兔子和一只乌龟……（省略文字）最终获得了胜利。"请用《熊出没》中熊二的风格进行表达，修改文案后发给我。

⑤ 回答：嘿，小伙伴们，听我说一个故事呀！

很久很久以前，森林里住着一只兔子和一只乌龟。它们经常吵架，争论谁跑得更快、更强壮，却总争不出个所以然来。

于是，他们决定比赛一场，看看谁更厉害。比赛开始啦，兔子一蹦一跳地领先了好远，乌龟却缓缓地往前爬，好像一点也不着急。

过了一会儿，兔子看到自己领先那么多，觉得没必要紧张，就在路边小憩了一会儿。结果，当它醒来的时候，乌龟已经快到终点了！

这可急坏了兔子，它像一道闪电一样狂奔而去。可是，无论怎么努力，它也追不上乌龟了。最终，乌龟抢先爬到了终点，成为胜利者！

这个故事告诉我们，勤奋和坚持不懈是成功的关键，而骄傲和懒惰则会让我们失去成功的机会。就像乌龟一样，虽然它的速度比不上兔子，但是它却坚持不懈地向前爬行，最终获得了胜利。

所以小伙伴们，无论做什么事情，都要坚持不懈，永不放弃，这样才能走向成功！

从以上回答中可以看出，这个文案与熊二没有任何相似之处，反而更像一个普通动画片中的角色。因此，我们不仅需要为 ChatGPT 设定角色，还需要描述该角色的表达风格。以下是补充完善后的提示词。

⌂ 提问："很久很久以前，森林里有一只兔子和一只乌龟……（省略文字）

最终获得了胜利。"对以上文案请用《熊出没》中的熊二的风格进行表达，"我"变成"俺"，修改文案后发给我。

💬 回答： 很久很久以前，森林里有一只兔子和一只乌龟。俺们家森林里也有很多这样的小伙伴，喜欢比个高低。它们俩决定展开一场比赛，看看谁更厉害。

比赛开始了，那只兔子像飞一样跑了起来，很快就跑到了前面。而乌龟则一步步地慢慢爬行，稳稳地向前进。可是，那只兔子太自以为是了，看到自己领先那么多，就决定在路边小憩一下。

俺不知道那只兔子怎么想的，不过乌龟却一直在努力向前爬行。当那只兔子醒来时，乌龟已经接近终点线了。于是，它赶紧奋起直追，像一道闪电一样狂奔而去。可是，无论怎么努力，它也追不上乌龟。最终，乌龟抢先爬到了终点，成为胜利者。

这个故事告诉俺们，勤奋和坚持不懈是成功的关键，而骄傲和懒惰则会让俺们失去成功的机会。就像乌龟一样，虽然它的速度比不上兔子，但是它却坚持不懈地向前爬行，最终获得了胜利。所以，俺们也要像乌龟一样，坚持不懈地追求自己的梦想，才能走向成功！

上面的例子表明，要通过某个群体或角色来改变文案的风格，我们需要对相关群体或角色的特征进行描述，这样才能让ChatGPT更好地理解问题，输出正确的答案。

📑 **案例：根据不同场景使用不同语气提示词**

Prompts ［明确的需求］+［具体的需求描述］+［语气风格］。

💬 提问： 帮我写一封电子邮件，主题是祝福顾客生日，送我们店的优惠券。

💬 回答： 尊敬的顾客：

您好！今天是您的生日，我谨代表我们商店祝您生日快乐！

非常感谢您一直以来对我们商店的支持与信任，为了感谢您的厚爱，我们给您准备了一份小小的礼物，附上一张价值××元

> 的优惠券，您可以在店内任意购物使用。
>
> 　　我们一直致力于提供最优质的商品和最完善的服务，希望我们的努力可以为您带来更加愉悦的购物体验。再次祝您生日快乐，愿您一切顺利！
>
> 此致
>
> 　　敬礼
>
> ×××商店

　　我们可以对上述提问增加需求，让 ChatGPT 生成的文案风格更加人性化，示例如下。

> 🔟 **提问：** 帮我写一封电子邮件，主题是祝福顾客生日，并赠送我们店的优惠券，要求语气幽默风趣。

> 🌀 **回答：** 亲爱的顾客：
>
> 　　据可靠消息，今天是您的生日！我们商店的内部探子已经为我们报告了这个重大消息！
>
> 　　为了庆祝这个特殊的时刻，我们准备了一份礼物送给您——一张价值××元的优惠券。
>
> 　　这份礼物是我们对您的祝福，以表对您一直以来的支持和信任的感激。
>
> 　　我们希望，这个小小的礼物能够给您带来欢笑和幸福。请放心，我们会一如既往地为您提供最优质的商品和最完善的服务，让您享受到最愉悦的购物体验！
>
> 　　生日快乐！
>
> 此致
>
> 　　敬礼
>
> ×××商店

　　如果我们想让方案更具故事感，能够更好地引起读者注意和情感共鸣，还可以继续更改提示词。

> **提问：** 帮我写一封电子邮件，主题是祝福顾客生日、送我们店的优惠券，要求用故事化描述。

回答： 亲爱的顾客：

我想给您分享一个小故事。有一次，我遇到了一个非常特别的顾客，她总是带着灿烂的微笑来我们的商店，无论是平时购物还是找我们咨询问题，她总是让人感到温暖和舒适。

不久前，我发现她的生日就要到了，于是我想为她做点什么特别的事情。我决定送给她一张我们商店的优惠券，让她可以在我们的商店尽情享受购物的乐趣。

这张优惠券不仅是一份礼物，更是我们对她的感谢和祝福。我们希望她在生日的这一天能够感受到我们商店对她的关爱和关注，让她的生日变得更加特别和难忘。

今天，当我发现您的生日也即将到来时，我想起了那个特别的顾客。就像她一样，您也是我们商店的重要顾客之一，每次来到我们商店都让我们感到欣慰和兴奋。

因此，我想将这份特别的关怀和祝福传递给您，送上一张我们商店的优惠券，让您可以在这个特殊的日子里享受购物的乐趣，让这一天变得更加特别和有意义。

谢谢您一直以来对我们商店的支持和信任，希望您度过一个美好、快乐的生日！

此致

敬礼

×××商店

ChatGPT 不仅可以以幽默风趣的语气来生成回答，也可以以其他不同的语气来生成回答，比如以下语气风格。

（1）口语化：是指使用口语化的表达方式，让文案更贴近人们的日常生活，易于理解和接受，适合运营个人 IP。

（2）专业化：是指针对特定的行业或领域，用专业化的语言来表达文案，让受众更容易理解和信任。比如：医疗领域的文案可以使用"脑膜瘤""肝硬化"等专业术语。

3.2.4 根据主题写大纲：构建内容架构，远离没有灵感的烦恼

在进行文案创作时，往往会遇到没有灵感的烦恼，这时候根据主题写文案大纲就显得尤为重要。构建层次分明的内容架构可以帮助我们更好地把握文案的核心内容和逻辑结构，避免陷入内容混乱、不知所措的局面。

利用 ChatGPT 进行文案创作，可以帮助我们更加高效地梳理文案大纲，明确文案的核心内容和逻辑结构。同时，我们可以根据不同的需求和场景，利用 ChatGPT 的优势，调整文案大纲的风格，从而更好地实现与受众的互动和交流。

举例来说，对于营销方案，我们可以突出产品特色和目标受众，同时加强推广；对于电商平台产品大纲，我们可以注重产品特点和差异化优势，同时加强产品使用场景和用户体验的描述；对于课程方案，我们可以突出方案的目标受众，针对该人群输出内容。

📑 案例：通过提示词让 ChatGPT 自动生成大纲

以下将采用一组提示词作为演示，让 ChatGPT 生成一份符合需求的大纲。

Prompts 我想你充当［文案领域］的专家，请你用 Markdown 格式帮我写一份［文案应用场景］大纲，主题是［需求］（需求可以包含文案主题、目标人群或希望达到的目的）。

> 🔟 **提问：** 我想让你充当 AI 科技的专家，请你用 Markdown 格式帮我写一份
> 科普大纲，主题是 AI 如何影响未来工作。

⑨ **回答：** **AI 如何影响未来工作**

概述

- 介绍 AI 技术的发展和应用
- AI 对未来工作的影响是一个值得关注的话题

AI对工作的影响
- 自动化取代人力
- 工作职能的变化
- 智能化改善工作流程

AI对未来职业的影响
- 某些职业的消失和兴起
- 技能要求的改变
- 新兴职业的出现

AI对工作环境的影响
- 机器人和人类的共存
- 工作场所的变化
- 工作条件和福利的改善

面对AI革新的策略
- 继续学习和更新技能
- 改变职业和行业
- 适应并把握AI技术带来的机遇

结论
- AI技术对未来工作的影响是必然的
- 我们需要积极适应和应对，从而创造更美好的未来

从上面的回答中可以看出，通过提示词和 Markdown 格式即可输出层次分明的大纲目录，能够帮助我们迅速厘清思路，进行下一步的文案撰写。

如果需要让 ChatGPT 的回答更有针对性，则可以在［需求］中增加面向人群、希望实现的目的等信息，以让 ChatGPT 更好地理解问题。

> 🔟 **提问：** 我想让你充当AI科技的专家，请你用Markdown帮我写一份科普文章大纲，主题是AI如何影响未来工作，面向人群是设计行业，目的是引起这类人群的重视。

⑥ 回答： **AI如何影响未来设计工作**

概述

AI技术的发展和应用

AI对设计行业的影响是一个值得关注的话题

AI对设计工作的影响

自动化取代人力

工作职能的变化

智能化改善工作流程

AI对未来设计师的影响

技能要求的改变

新兴设计领域的出现

设计教育和培训的转型

AI对设计作品的影响

创意和设计的辅助与优化

设计作品的个性化和智能化

设计作品与用户的交互和反馈

AI在设计行业的应用案例

基于AI的创意工具和辅助设计工具

AI在数字设计和数字艺术中的应用

AI在UX/UI设计和用户体验中的应用

面对AI革新的策略

接受并学习AI技术

掌握AI与设计融合的能力

把握AI带来的机遇和挑战

结论

AI技术对设计行业的影响是必然的

设计师需要积极适应和应对，从而创造更美好的设计作品和未来

3.2.5　根据大纲写文案：自动完善文案，提升写作效率

在构建出文案大纲后，我们可以按照大纲逐步展开具体内容的写作。

这时，我们可以利用ChatGPT，根据大纲中的关键词和句子，生成符合文案主题和逻辑结构的内容。同时，我们也可以利用ChatGPT变换文案的风格，使文案更加具有吸引力和感染力。

值得一提的是，在与运营营销相关的文案创作中，我们可以提供更多实际运营营销场景给ChatGPT，以便它的回答更好地服务运营策略和目标。以下是两个通过大纲续写文案的案例。

📋 案例：自动生成大纲并续写文案

该案例利用ChatGPT的上下文功能进行大纲续写，先让它输出目录，再直接让它续写文案。

> 🔟 提问： 我想让你充当淘宝店铺营销的专家，请你用Markdown帮我写一份产品介绍大纲，主题是新出的面膜，目标人群是 30～50 岁的高净值女性，她们对品质的要求比较高、对价格不敏感。

⑨ 回答： **新出的面膜产品介绍大纲**

概述
- 介绍新出的面膜产品
- 说明产品的优点和特点
- 分析目标市场和目标人群

产品特点
- 产品成分和功效
- 产品的独特卖点和优势
- 产品的安全性和适用性

目标人群
- 年龄段：30～50 岁
- 性别：女性
- 消费能力：高净值人群
- 对品质的要求：高
- 对价格的敏感度：不高

市场分析

- 面膜市场的概况和发展趋势
- 相关竞品的特点和市场反响
- 目标市场的消费习惯和购买渠道

品牌故事

- 品牌背景和发展历程
- 品牌的理念和核心价值
- 品牌与目标人群的共鸣点

营销策略

- 产品定位和差异化策略
- 促销策略和活动计划
- 线上、线下推广渠道和方式

推广实施

- 品牌宣传和广告推广
- 促销策略和活动计划
- 在不同平台上投放广告和引流

数据监测与调整

- 定期对推广效果进行监测和分析
- 根据数据结果对策略进行调整和优化
- 不断完善和改进营销计划

结论

- 新出的面膜产品是一个有潜力的产品
- 通过有效的营销策略和实施，可以获得更多目标人群的关注和认可

在 ChatGPT 生成产品的介绍大纲之后，我们再让它续写大纲，生成一份完善的文案。

🔟 **提问：** 请你续写大纲中的产品特点。

⑤ **回答：** **产品成分和功效介绍**

- 产品使用了多种天然植物提取物，如蜂蜜、燕麦、薰衣

> 草等
>
> • 产品的功效包括保湿、舒缓、抗氧化等
>
> **产品的独特卖点和优势**
>
> • 产品使用了独特的胶原蛋白微米技术，可以让产品更好地渗透肌肤
>
> • 产品的质地轻盈细腻，使用后不会有沉重的感觉
>
> • 产品包装采用了人性化设计，使用更加方便，可以减少浪费
>
> **产品的安全性和适用性**
>
> • 产品使用了纯天然成分，无刺激性，适合各种肌肤类型，包括敏感肌肤
>
> • 产品经过严格的质量检测和验证，符合国家相关标准，安全可靠

这些特点的介绍可以让目标消费群体对产品有更加深入的了解，进而提高他们对产品的认知和信任度。在面膜市场激烈竞争的背景下，产品的特点和优势能够成为消费者决策的关键因素。

案例：根据已有大纲续写文案

发送大纲给 ChatGPT，让它理解文案目的，再让 ChatGPT 进行续写。

`Prompts` "［大纲］"请你帮我续写［章节数］。

> 提问：　　　　　　　　"**微信私域运营大纲**
>
> **1. 前期策划**
>
> 1.1　目标群体分析
>
> 年龄段：30～50 岁
>
> 性别：女性
>
> 消费能力：高净值人群
>
> 对皮肤护理的需求和关注度：高
>
> 1.2　竞品分析
>
> 相关产品的特点和市场反响
>
> 相关产品的品牌优势和独特卖点

相关产品的价格和销售渠道

1.3　产品策略

产品定位和差异化策略

产品特点和功效

产品推广策略和目标

2. 私域内容策划

2.1　公众号运营

公众号品牌宣传和推广

公众号内容规划和创意设计

公众号粉丝互动和沟通

2.2　社群运营

社群建设和管理

社群营销和推广

社群用户互动和沟通

2.3　短视频运营

短视频创意和制作

短视频推广和引流

短视频粉丝互动和沟通

3. 私域运营实施

3.1　线上活动

折扣促销活动

线上主题活动

社交电商活动

3.2　线下活动

产品体验会

营销活动合作

线下门店拓展

3.3　数据监测与调整

定期对营销效果进行监测和分析

根据数据结果对策略进行调整和优化

不断完善和改进营销计划

4. 结论

私域运营是一个提高产品销售效率和用户满意度的重要手段
需要根据目标人群和产品特点，制定相应的运营策略，并实
施和不断优化。"

请你帮我续写第一章。

回答：当我们决定进行微信私域运营时，前期策划是至关重要的。在进
行任何营销活动之前，我们都需要明确目标群体，分析市场竞争
情况，并制定相应的产品策略。

1.1 目标群体分析

首先，我们需要确定目标群体，这将决定我们的整体营销策
略。根据市场调查和数据分析，我们的目标群体主要是年龄在 30
到 50 岁之间的女性，消费能力较强且对皮肤护理的需求和关注
度较高。因此，我们需要根据这些特点来设计我们的产品和制定
营销策略。

1.2 竞品分析

在确定目标群体之后，我们需要进行竞品分析。这将有助于
我们了解市场上相关产品的特点和市场反响，以及相关产品的品
牌优势和独特卖点。此外，我们还需要了解相关产品的价格和销
售渠道，以便为我们的产品定价和销售策略做出决策。

1.3 产品策略

在进行竞品分析后，我们需要制定相应的产品策略。这包括
产品定位和差异化策略、产品特点和功效的介绍，以及产品推广
策略和目标。通过制定明确的产品策略，我们将能够更好地与目
标群体进行沟通，并提高产品销量和用户满意度。

以上就是让 ChatGPT 根据大纲续写文案的案例，通过该方法，我们
可以快速、高效地生成符合主题、实用性强的文案内容，更好地服务于
运营策略和目标，提高文案创作效率和质量。

第4章
用 ChatGPT 轻松运营社交媒体

在社交媒体运营中，成功打造一个爆款账号需要全面考虑账号IP的各个方面，如账号定位、账号名称、账号介绍及核心输出内容等。为了将一个账号打造成爆款，我们需要对多个竞品进行深入分析和长时间打磨。在这个过程中，运营人员面临着诸多挑战和压力。

4.1　社交媒体运营的痛点及应对方法

在新媒体时代，社交媒体账号之间的竞争越来越激烈。因此，社交媒体运营也面临许多痛点。

首先，为了提供多个潜在的IP方案，运营人员需要花大量的时间完成相关的竞品分析和创意工作。这时，利用ChatGPT分析竞品数据和市场趋势，可以显著提高工作效率，为运营团队提供有价值的IP方案。

其次，为了保持一个成功的IP在市场上的影响力，需要长时间稳定地输出内容。这就要求运营人员不断寻找新的选题和灵感。在这方面，可以利用ChatGPT分析热门话题、市场趋势和用户需求，为运营团队提供源源不断的创意灵感。

最后，不同平台的文案和内容各有特点，这给运营人员带来了一定的压力。为了在各个平台上取得成绩，运营人员需要熟悉并遵循各平台的特点和规则。在这方面，可以利用ChatGPT根据不同的平台的风格输出不同的运营文案，帮助运营人员更高效地适应和掌握各个社交平台的逻辑和要求。

4.2 ChatGPT在社交媒体运营中的应用

社交媒体的运营需要建立账号IP方案并不断输出有价值的内容。本节将介绍如何利用ChatGPT来提升社交媒体运营的效率和质量。

4.2.1 打造完整的账号IP方案

打造一个完整的账号IP是社交媒体运营的第一步。然而，从零开始构建一个账号IP，需要花费大量时间来分析多个竞争对手的账号，并根据自身业务进行定位和发布内容。而使用ChatGPT，能够帮助我们快速创建多个账号IP，然后由有经验的人确定最终的IP方案，可大大缩短IP设计的时间并降低成本。下面就通过案例来演示应该如何利用ChatGPT打造完整的IP方案。

> **Prompts** 现在让你充当［社交平台名称］的运营专家，请你帮我打造一个［社交平台名称］账号IP，需要有账号定位、账号名称、账号介绍、背景图片样式、核心输出内容等，现在我的主题是［赛道分类］博主。

💬 **提问：** 现在让你充当小红书的运营专家，请你帮我打造一个小红书账号IP，需要有账号定位、账号名称、账号介绍、背景图片样式、核心输出内容等，现在我的主题是健身博主。

🌀 **回答：** 账号定位：专注于健身、健康生活方式分享的实用型社交账号，旨在为关注者提供专业的健身指导、健康饮食建议和积极的生活态度。

账号名称：健身之路FitLife

账号介绍：欢迎来到健身之路 FitLife！在这里，我们会与您分享专业的健身知识、实用的锻炼技巧、健康的饮食搭配和积极向上的生活态度。让我们一起努力，成为更好的自己！

背景图片样式：选择一张充满活力和运动气息的图片，例如，在户外阳光下锻炼的人群，或者展示各种运动器械的健身房场景。图片的色调明亮、鲜艳，以营造积极向上的氛围。

核心输出内容

1. 动态锻炼视频：定期发布锻炼教程，包括瑜伽、普拉提、力量训练、有氧运动等多种类型，满足不同关注者的需求。

2. 健康饮食建议：分享营养丰富、美味可口的健康食谱，以及如何搭配餐食以满足运动需求的实用建议。

3. 健身心得：记录自己的健身过程和成果，分享对于锻炼和健康生活方式的见解，为关注者提供参考和激励。

4. 互动问答：定期进行直播或问答环节，解答关注者的健身问题，提高粉丝互动性和黏性。

5. 健身挑战：发起健身挑战，邀请关注者参与，激发他们的运动热情，增强账号凝聚力。

虽然 ChatGPT 给出的答案符合提示词要求，但没有明显地体现出小红书平台的风格，因此我们可以尝试借鉴竞品的文案风格进行优化（已对参考内容进行脱敏处理）。

Prompts　现在让你充当［社交平台名称］的运营专家，请你帮我打造一个［社交平台名称］账号 IP，需要有账号定位、账号名称、账号介绍、背景图片样式、核心输出内容等，现在我的主题是［赛道分类］博主。请你模仿这个 IP 账号：［竞品账号相关信息］。

> **提问：**　现在让你充当小红书的运营专家，请你帮我打造一个小红书账号 IP，需要有账号定位、账号名称、账号介绍、背景图片样式、核心输出内容等，现在我的主题是健身博主。请你模仿这个 IP 账号："名称：Yolo 张宇；个人介绍：健身路上伴你同行；邮箱：111111@qq.com；背景图片：一张帅气的个人照片；个人定位：带动更多人

了解健身、锻炼身体，变得更加健康；核心内容：分享日常生活、分享健身技巧、分享健身饮食、自律习惯的鸡汤分享"。

回答： 账号定位：全民健身助手，传播健康生活理念，为广大健身爱好者提供科学、有效的健身方法和饮食建议。

账号名称：FitGuru 阿力

个人介绍：让健身成为生活的一部分，和我一起成为更好的自己！邮箱：FitGuruAli@163.com

背景图片样式：一张阿力在健身房锻炼的照片，强调力量和毅力，色彩鲜艳，激发用户的健身热情。

核心输出内容

1. 分享实用的健身技巧和锻炼方法：针对不同身体部位和锻炼目标提供详细的指导，帮助用户提高锻炼效果。

2. 健身饮食建议：提供健康的饮食搭配方案，满足用户在健身过程中的营养需求，帮助他们更好地恢复体力和保持健康。

3. 自律习惯的建立和坚持：分享如何在日常生活中培养良好的健身习惯，激励用户克服困难，持之以恒地坚持锻炼。

4. 健身心得与成果展示：展示自己的健身成果，以身作则，激发用户的健身信心和动力，共同分享健身过程中的喜悦和收获。

5. 互动问答环节：积极回应粉丝的提问，解答他们在健身过程中遇到的问题，与粉丝建立紧密的互动关系，共同进步。

从结果来看，通过为 ChatGPT 提供竞品内容，可以让其回答的 IP 形象更加立体、真实。这种方法也可以应用到小红书的其他领域的 IP 设计中。同时在其他社交媒体平台，如抖音、快手、微博等，也可以采用类似的操作来批量生成 IP 设计方案。

如果你想打造更具个人特色的 IP，在提供了竞品内容后，还可以补充自己账号更多的特点。

Prompts 现在让你充当 [社交平台名称] 的运营专家，请你帮我打造一个 [社交平台名称] 账号 IP，需要有账号定位、账号名称、账号介绍、背景图片样式、核心输出内容等，现在我的主题是［赛道分类］博主。请你模仿这个 IP 账号：［竞品账号相关信息］。同时我的账号定位是［账号信息补充］。

> **提问：** 现在让你充当小红书的运营专家，请你帮我打造一个小红书账号 IP，需要有账号定位、账号名称、账号介绍、背景图片样式、核心输出内容等，现在我的主题是健身博主。请你模仿这个 IP 账号"名称：Yolo 张宇；个人介绍：健身路上伴你同行；邮箱：111111@qq.com；背景图片：一张帅气的个人照片；个人定位：带动更多人了解健身、锻炼身体，变得更加健康；核心内容：分享日常生活、分享健身技巧、分享健身饮食、自律习惯的鸡汤分享"。同时我的账号定位是女性，擅长瑜伽、普拉提，有留学的经历。

> **回答：** 账号定位：女性健身瑜伽达人，传播健康生活理念，为广大女性朋友提供专业实用的瑜伽、普拉提教学和健身饮食建议。
>
> 账号名称：YogaGoddess 小悦
>
> 个人介绍：瑜伽、普拉提教练，留学归来的健身爱好者，带你探索健康美丽的秘密。邮箱：YogaGoddessXiaoYue@163.com
>
> 背景图片样式：一张在户外阳光下练习瑜伽的优雅照片，展示女性的柔美与力量，色彩清新自然。
>
> 核心输出内容
>
> 1. 分享瑜伽、普拉提技巧与教程：针对不同层次的学员提供详细的指导，帮助用户提高瑜伽和普拉提练习效果。
>
> 2. 健身饮食建议：分享适合瑜伽、普拉提练习者的营养搭配方案，满足用户在锻炼过程中的营养需求，帮助他们更好地恢复体力和保持健康。
>
> 3. 分享留学生活与跨文化体验：以自己的亲身经历为例，谈论在国外学习瑜伽、普拉提的经历，让用户更好地了解国际化的健身理念。
>
> 4. 自律习惯的建立和坚持：分享如何在日常生活中培养良好

的健身习惯，鼓励用户克服困难，持之以恒地坚持锻炼。

　　5. 粉丝互动与问答环节：积极回应粉丝的提问，解答他们在瑜伽、普拉提练习过程中遇到的问题，与粉丝建立紧密的互动关系，共同进步。

4.2.2　低成本输出高质量内容

　　对于社交媒体账号的运营，完成了账号IP设计后，还需要运营人员每天都输出高质量的内容，因此需要花费很多时间来挖掘思路和创作内容。这样做不仅需要付出较高的时间成本，而且增加了运营成本。

　　然而，可以利用ChatGPT在低成本的情况下输出高质量的内容，如此一来，运营人员就可以专注于需要更多决策、人力沟通的工作，比如策划营销活动、选择哪个文案或方案等。

　　此外，ChatGPT还可以对已有的内容进行分析和提取关键信息，从而创造出更具创意的内容。例如，对于一篇文章，ChatGPT可以分析其核心思想和重点，并生成一些与之相关的话题和思路，从而帮助运营人员更快地挖掘出更多的内容灵感。

　　下面通过两种提示词，来讲解如何使用ChatGPT生成高质量内容。

1. 根据平台文案调性和账号特点，直接输出符合主题的运营文案

　　■ 案例：直接生成某种社交平台风格的文案

　　（Prompts）请你帮我写一段［社交平台］的文案，［社交平台］的文案风格：［详细描述平台风格］。请你按照［社交平台］的文案风格写一篇主题为［主题需求］的文案。

> 提问：　请你帮我写一段知乎平台的文案，知乎平台的文案风格：用"谢邀"开头，用很多学术语言、专业语言，引用各种名言，结合自己的教育背景或留学背景，体现出文案的高级感、专业感。请你按照知乎平台的文案风格写一篇主题为"去哪个国家读硕士比较好"的文案。

回答： 谢邀，作为一名有着丰富留学经历的教育背景的专家，我很荣幸能够回答这个问题。首先，要想知道去哪个国家读硕士比较好，我们需要了解一些基本的背景知识。不同国家的教育体系、文化背景、学术氛围等因素都会对教育产生重要影响。

就硕士教育而言，美国、英国、加拿大、澳大利亚等国家一直被认为是世界上最受欢迎的留学目的地。这些国家的高等教育水平较高、学术氛围较好，硕士教育体系也非常完善，可以为学生提供丰富多彩的学术和社会体验。

在选择留学目的地时，除了国家本身的教育体系，还需要考虑具体的专业领域和学术导师。不同的国家和大学在不同的领域有不同的优势。例如，美国的商科和计算机科学非常发达，英国在文学、历史和艺术等领域具有强大的研究实力，而澳大利亚则在自然科学和医学领域备受瞩目。

选择一个优秀的导师可以帮助学生更好地理解和掌握专业知识，同时也有助于学生在未来的职业生涯中获得更多的机会和发展空间。因此，建议学生在选择留学目的地时，要多了解各个国家和大学的教学、科研水平，也要认真考虑自己的兴趣和未来发展方向，做出明智的决策。

最后，我想引用一句名言："教育是人类走向光明未来的基石。"选择一所好的大学和一个优秀的导师，不仅可以帮助学生更好地完成自己的学业，而且有助于他们未来职业生涯的发展。希望我的回答可以对大家有所帮助！

2. 将原有文案按平台的文案调性进行改写

案例：将原有文案改成某社交平台风格

Prompts 请你帮我写一段［社交平台］的文案，［社交平台］的文案风格：［详细描述平台风格］。请你按照［社交平台］的文案风格帮我改写这段文案"［复制的文案］"。

提问： 请你帮我写一段知乎平台的文案，知乎平台的文案风格：用"谢邀"开头，用很多学术语言、专业语言，引用各种名言，结合自己的教育背景或留学背景，体现出文案的高级感、专业感。请你按照知乎平台的文案风格帮我改写这段文案"人工智能和机器学习：随着大量数据的积累，人工智能和机器学习技术将在各个领域中发挥越来越重要的作用，包括医疗、金融、教育等领域。

云计算和边缘计算：随着互联网的普及和数字化转型的加速，对云计算和边缘计算的需求将不断增加，尤其是在物联网和5G等技术的推动下。

生命科学和医疗技术：随着人们对健康的关注度不断提高，生命科学和医疗技术的创新将成为未来的热点。例如，基因编辑技术、精准医疗和数字健康等领域将有望取得突破性进展。

可持续能源和环保技术：随着气候变化和环保意识的不断加强，可持续能源和环保技术将成为未来的热门领域。例如，太阳能、风能、生物质能等可再生能源的发展和应用将得到更广泛的推广。"

回答： 谢邀！作为一名拥有世界顶尖大学背景的AI与机器学习领域的研究者，我深感荣幸能够对这一问题发表见解。在这个数据驱动的时代，人工智能（AI）和机器学习（ML）正成为引领各领域发展的技术核心。

在海量数据的助力下，AI与ML技术将在众多领域中发挥举足轻重的作用，如医疗、金融、教育等。这正是技术变革的必然趋势。

云计算与边缘计算，是众所周知的数字化转型的关键驱动力。在互联网的普及和物联网、5G等技术的推动下，这两种计算方式将满足不断增长的需求。

生命科学和医疗技术的革新将成为未来的关注焦点。人们越来越关心自己的健康，这使基因编辑技术、精准医疗和数字健康等领域有望取得突破性进展。这恰恰印证了古老的名言："生命至上，健康为本。"

可持续能源和环保技术的发展日新月异。随着气候变化和环

保意识的不断加强，太阳能、风能、生物质能等可再生能源将被
更广泛地推广应用。

综上所述，从 AI 与 ML 到可持续能源，这些技术的快速发展
将不断推动人类社会的进步。作为一名有着丰富国际教育背景的
研究者，我坚信技术的力量将引领我们走向一个更加美好的未来。

4.3　常用图文社交媒体文案提示词

1. 小红书

小红书是一款流行的购物分享社交媒体应用软件，适合发布关于购物、
美妆、健康、生活等内容的文案，如时尚搭配、美妆心得、旅行攻略等。
使用 ChatGPT 可以生成各种平台风格的文案，小红书风格的案例如下。

📑 **案例：小红书风格文案提示词**

Prompts　小红书的文案风格：非常吸引眼球的标题，文案中会增
加 emoji 表情，文案需要结合个人体会、对自己的影响，文案最后增加
tag（＃文字）。请你按小红书的风格 [明确的需求]。

> 🔟 **提问：** 小红书的文案风格：非常吸引眼球的标题，文案中会增加 emoji 表
> 情，文案需要结合个人体会、对自己的影响，文案最后增加 tag（＃
> 文字）。请你按小红书的风格介绍有关财富的图书，同时说明图
> 书的作者、豆瓣评分、内容介绍。

> 🌀 **回答：** 以下是按照小红书的文案风格介绍有关财富的图书。
> 标题：【必读】2 本提升财商的好书，让你成为理财高手
> 文案：大家好，今天我来给大家推荐 2 本非常实用的提升财
> 商的好书，让你成为理财高手。这些图书不仅讲解了理论知识，
> 而且列举了大量实例，帮助你提升自己的财务能力。快来看看吧！
> 1.《富爸爸穷爸爸》by 罗伯特·清崎
> 豆瓣评分：8.3

> 这本书可以说是理财界的经典之作，通过对比富人和穷人的生活方式、价值观和行为习惯，向读者介绍了财务自由的重要性和实现的方式。读完这本书，你将会更加清晰地认识到自己的财务目标，并且能够更好地规划自己的财务计划。
>
> 2.《股票大作手回忆录》(丁圣元注疏版)by 埃德温·勒菲弗
>
> 豆瓣评分：9.0
>
> 这本书讲述了华尔街股票市场大佬杰西·利弗莫尔的经历和故事，是一本非常好的股市分析和交易心理学的入门书。通过对股票市场的深入分析和对人性的洞察，可以帮助读者更好地理解股票市场，提高自己的交易技能和决策能力。
>
> #书籍 #财富 #股票 #投资 #学习 #干货分享

2. 知乎

知乎是一款问答社交媒体应用，适合发布行业内专业知识、用户疑问解答等内容的文案，如产品解析、技术分享、用户案例等，使用 ChatGPT 可以生成知乎风格的文案。

扂 案例：知乎风格文案提示词

（Prompts） 知乎文案的风格：用"谢邀"开头，用很多学术语言、专业语言，引用各种名言，结合自己的教育背景或留学背景，体现出文案的高级感、专业感。请你按照知乎的风格写一篇主题为［明确的需求］的文案。

> **提问：** 知乎文案的风格：用"谢邀"开头，用很多学术语言、专业语言，引用各种名言，结合自己的教育背景或留学背景，体现出文案的高级感、专业感。请你按照知乎的风格写一篇主题为"为什么人需要情感生活"的文案。

> **回答：** 谢邀！本人曾专研心理学领域，对情感及人类行为的研究颇有心得。接下来，我将结合学术理论、专业术语，以及我的教育背景与留学经历，就"为什么人需要情感生活"这一课题展开论述。

马斯洛（Abraham Maslow）在其著名的《人类动机论》中，提出了一个被广泛引用的理论：马斯洛需求层次理论。根据该理论，人的需求分为 5 个层次，从低到高依次是生理需求、安全需求、社交需求、尊重需求和自我实现需求。而情感生活，正是满足了我们的社交需求与尊重需求。

从生物学角度来看，情感生活是人类基因延续的必然体现。达尔文（Charles Darwin）的进化论指出，生物的繁衍和进化离不开自然选择与适者生存的原则。情感生活作为一种社会行为，能够帮助个体筛选优质的繁殖伴侣，从而提高后代的生存竞争力。

从心理学的角度来说，情感生活对于个体的心理健康具有积极意义。美国心理学家卡尔·R. 罗杰斯（Carl R. Rogers）在其著作《成为一个人》中提到，人们在情感生活中获得的支持和关爱是实现自我成长的关键因素。良好的情感生活有助于缓解压力、减轻心理负担，从而提升人们的生活质量。

从社会学角度来看，情感生活对于维系社会结构具有重要作用。法国社会学家埃米尔·涂尔干（Emile Durkheim）在其《社会分工论》中提到，社会是由不同角色和功能组成的有机体。情感生活能够帮助个体建立社会联系，形成各种社会支持网络，从而促进社会和谐与稳定。

综上所述，情感生活对于个体和社会都具有重要意义。

3. 头条号

头条号是今日头条推出的一款自媒体平台，适合发布各类新闻资讯、用户心得、品牌宣传等内容，如财经新闻、健康资讯、明星八卦等，使用 ChatGPT 也可以生成头条号风格的文案。

📋 案例：头条号风格文案提示词

Prompts 头条号文案的风格：标题吸引眼球，分为不同的类型。数字化总结型，如"职场中不得不知的十大禁忌"；前后反差型，如"父亲残疾，母亲精神失常，小伙患有先天疾病却逆袭清华"。内容需要一波三折、接地气、故事性强，不要用专业词汇。请你按照头条号的文案风格写一篇主题为［主题关键词］的文章。

🔟 **提问：** 头条号文案的风格：标题吸引眼球，分为不同的类型。数字化总结型，如"职场中不得不知的十大禁忌"；前后反差型，如"父亲残疾，母亲精神失常，小伙患有先天疾病却逆袭清华"。内容需要一波三折、接地气、故事性强，不要用专业词汇。请你按照头条号的文案风格写一篇主题为"新婚夫妇突然发生了这种事"的文章。

◎ **回答：** 标题：《新婚夫妇竟然遭遇这种奇葩事件，结局让人大跌眼镜！》

正文：

新婚夫妇的生活本应甜蜜无比，然而，这对新人却在婚后遭遇了一件让人啼笑皆非的"奇葩"事件。他们的故事在网上引起了热议，结局更是让人大跌眼镜！

小杨和小陈是一对刚刚步入婚姻殿堂的新人。婚后，他们本想携手共度美好的时光，却意外地发现自己的婚房里竟然有个"不速之客"。这个"客人"平日里藏匿得极深，却在夜晚悄无声息地"捣乱"。

起初，小杨和小陈对这个"客人"的存在毫不在意。但随着时间的推移，他们发现"不速之客"的行为愈发古怪。每到夜晚，夫妻二人都感觉到有什么东西在自己的房间里蠢蠢欲动，甚至能听到诡异的声音。

这种神秘的现象让小杨和小陈忍无可忍，他们决定揪出这个"客人"，找出背后的真相。

原来，这个"不速之客"竟然是一只善于躲藏的小老鼠！这只小老鼠白天潜伏在墙角、家具之间，夜晚则出来觅食。而那诡异的声音，是它啃咬东西时发出的。

知道真相的夫妻二人松了一口气，他们决定一起将这只小老鼠赶出家门。经过一番周折，他们成功地抓住了这只小老鼠，并将它放归大自然。

这起奇葩事件的结局令人啼笑皆非。原本以为有什么恐怖事件发生的夫妻二人，最后竟然成了"捕鼠高手"。看了他们的故事，许多网友纷纷表示："什么'不速之客'，只是一个意外。"

4.4　训练一个独家风格的AI文案助手

如果一个账号IP输出的文案风格每次都不同，那么就很难吸引精准用户。使用ChatGPT虽然可以快速高效地生成文案内容，但是它每次输出的结果都不一样，那么我们可以利用它的上下文功能来训练一个属于自己的AI文案助手，让它生成的文案保持同一种风格。下面是具体步骤。

（1）收集数据：首先，需要收集一些与自己账号IP相关的文案数据。这些数据可以包括过去自己账号发布过的文案、竞品账号的文案及与自己账号IP相关的网站文章等。

（2）筛选文案：筛选收集到的数据，去除一些无用的信息和重复的数据，保留符合自己账号IP特点的文案。

（3）训练模型：使用ChatGPT进行文案生成，将筛选后的文案输入ChatGPT，训练出一个属于自己账号IP的文案生成模型。

（4）调整细节：根据自己的需求，调整对话结果的细节，比如生成文本的长度、生成文本的数量等。

（5）验证测试：利用生成的文案进行验证测试，测试文案的准确性和适用性。如果发现文案不够理想，可以反复调整细节，或者重新打开一个对话框训练模型，因为同一个对话框之前的对话会影响它未来的回答。

（6）应用部署：当模型训练完成后，就可以将其应用到实际的社交媒体运营中。将模型输出的文案进行适当调整和优化，再发布到社交媒体平台上，可以提高文案质量和效果。

总之，通过训练一个专属于自己的AI文案助手，可以让文案的质量和风格更加稳定，也可以提高文案制作的效率和效果，让社交媒体运营更加轻松和高效。下面通过案例讲解来学习如何训练自己的AI文案写作助手。

案例：训练一个属于自己的 AI 文案写作助手

下面通过对 ChatGPT 进行连续提问，让 ChatGPT 学习上下文，从而训练出自己想要的文案风格。

提问： 接下来我会发一篇文案给你，请你学习它的文案风格。

回答： 好的，请发给我。

提问： 标题：【必读】2 本提升财商的好书，让你成为理财高手

文案：大家好，今天我来给大家推荐 2 本非常实用的提升财商的好书，让你成为理财高手。这些图书不仅讲解了理论知识，而且列举了大量实例，帮助你提升自己的财务能力。快来看看吧！

1.《富爸爸穷爸爸》by 罗伯特·清崎

豆瓣评分：8.3

这本书可以说是理财界的经典之作，通过对比富人和穷人的生活方式、价值观和行为习惯，向读者介绍了财务自由的重要性和实现的方式。读完这本书，你将会更加清晰地认识到自己的财务目标，并且能够更好地规划自己的财务计划。

2.《股票大作手回忆录》（丁圣元注疏版）by 埃德温·勒菲弗

豆瓣评分：9.0

这本书讲述了华尔街股票市场大佬杰西·利弗莫尔的经历和故事，是一本非常好的股市分析和交易心理学的入门书。通过对股票市场的深入分析和对人性的洞察，可以帮助读者更好地理解股票市场，提高自己的交易技能和决策能力。

#书籍 #财富 #股票 #投资 #学习 #干货分享

回答： 这篇文案用简短有力的语言介绍了每一本书的重点，并提供了豆瓣评分以供参考。在结尾处使用了话题标签来增加文章的搜索和分享效果，可以吸引更多潜在读者。总的来说，这篇文案的风格简洁明了、信息量充足、易于阅读和分享，非常适合用于推广和宣传。

提问：　请你模仿这篇文案风格，帮我写一个关于"自媒体运营"的文案。

回答：　好的，以下是我为你写的文案。

标题：【必看】5 个自媒体运营技巧，助你成为优秀的自媒体从业者

文案：大家好，今天我来分享 5 个实用的自媒体运营技巧，让你成为一名优秀的自媒体从业者。这些技巧基于实践经验总结而成，能够帮助你更好地管理和运营自媒体账号。赶快来看看吧！

1. 选对自媒体平台

在开始自媒体运营之前，要先明确自己的定位和目标受众，选择适合自己的自媒体平台。不同的平台受众和特点都不同，选择合适的平台能够提高你的自媒体运营效果。

2. 坚持输出优质内容

自媒体最重要的就是内容，要坚持输出优质、原创、有价值的内容。除了提供独特的内容，还要注重语言表达、排版美观等方面，提高内容的阅读体验。

3. 发掘互动潜力

与读者互动是自媒体运营中不可或缺的一环，可以通过评论、私信、问卷等方式进行互动。要发掘互动潜力，增加读者黏性，提高自媒体影响力。

4. 把握合适时机

在自媒体运营中，把握合适的时机是非常重要的。要通过分析数据、关注热点事件等方式，找准发布时间，提高内容曝光率和转化率。

5. 注重数据分析

数据分析是自媒体运营的重要一环，可以通过分析数据来了解受众、优化内容和策略等。要注重数据分析，不断调整和优化自媒体运营策略，提高运营效果。

#自媒体运营 #数字营销 #优质内容 #互动潜力 #数据分析

如果你认为文案输出结果不够令人满意，还可以提供更多信息来帮助 ChatGPT 改善回答。例如，你可以输入自己的体验或让 ChatGPT 虚构个人体验，这样可以让文案更加真实、生动。

提问： 请你在这篇文案中加上"真实的个人经历"，让文案更加有真实感。

回答： 好的，以下是我为你修改的文案。

标题：【必看】5 个自媒体运营技巧，助你成为优秀的自媒体从业者

文案：大家好，我是一名自媒体从业者，今天我来分享 5 个实用的自媒体运营技巧，这些技巧都是我在实际工作中总结出来的，并亲身体验过它们的有效性。我相信这些技巧一定会对你有所帮助。赶快来看看吧！

1. 选对自媒体平台

我曾经在多个自媒体平台上进行运营，一开始都没有什么收获。后来我意识到，选择合适的平台对于自媒体运营的成功非常重要。我花费了一段时间调研和尝试，最终选择了适合自己的平台，这样才提高了自媒体运营效果。

2. 坚持输出优质内容

自媒体最重要的就是内容，我深刻认识到，优质、原创、有价值的内容是吸引读者的关键。我曾经尝试过发布一些浅显的内容，但都没有得到好的反响。后来我坚持发表有深度、实用性的内容，并注重语言表达、排版美观等方面，这样才提高了内容的阅读体验，吸引了更多的读者。

3. 发掘互动潜力

与读者互动是自媒体运营中非常重要的一环，我通过评论、私信、问卷等方式进行互动，发现这样能够增加读者黏性，提高自媒体影响力。我曾经尝试过忽视读者的反馈和建议，后来意识到与读者的互动是很有意义的，能够帮助我更好地了解读者需求

和心理。

4. 把握合适时机

在自媒体运营中，把握合适的时机是非常重要的。我在工作中通过分析数据、关注热点事件等方式，找准发布时间，提高内容曝光率和转化率。我曾经发现，在节假日发布内容会影响阅读量，后来通过不断试错，找到了最适合发布的时间段，提高了内容的阅读量和分享量。

5. 注重数据分析

数据分析是自媒体运营的重要一环，我曾经投入大量时间和精力进行数据分析，从中找到了一些有价值的信息，比如受众喜好、转化率等。这些数据让我更好地了解读者，调整自媒体运营策略，提高运营效果。

#自媒体运营 #数字营销 #优质内容 #互动潜力 #数据分析

总的来说，ChatGPT 就像是一个灵活、智能的助手，它需要通过你的指导，不断学习你的需求和偏好，适应你的对话风格和文案风格。随着与你不断地交互，ChatGPT 就能更加准确地理解你的意图，从而提供更精准的回答和建议，助你在社交媒体账号的运营上更省时省力。

第5章

用 ChatGPT 自动完成短视频文案制作

短视频已经成为当下最受欢迎的内容形式之一，越来越多的人和企业开始将其作为营销和推广的重要手段。

在这种背景下，我们可以通过 ChatGPT 来提高短视频制作的效率。读完本章后，您将能够更加轻松地解决短视频策划和制作中的各种问题，优化和提高短视频的创意与质量，实现更好的营销和推广效果。

5.1 短视频制作中的痛点

短视频在近年来已成为一种极具影响力的传播形式，然而在实际的制作过程中，从业者往往会面临诸多痛点和挑战。本章将着重探讨以下几个关键问题。

（1）制作效率低：短视频制作涉及策划、拍摄、剪辑、特效等多个环节，从业者需要在有限的时间内完成大量工作，这往往导致制作效率低下。此外，缺乏高效的团队协作和工具，也会影响短视频制作的整体进度。

（2）创意不足：在短视频市场竞争激烈的背景下，用户对于内容的需求越来越多样化，这就要求从业者不断推陈出新，提供独特且有趣的内容。然而，创意很难量化，从业者可能会遇到灵感枯竭的困境，难以产生吸引人的创意。

（3）各个平台的风格不同：短视频平台众多，如抖音、快手、小红书等，每个平台都有自己独特的用户群体和内容风格。从业者在制作短视频时，需要针对不同平台进行风格优化，以适应各自用户的特点和需求。这意味着需要投入更多的精力去了解各个平台的特点，进一步降低了制作效率。

5.2　ChatGPT在短视频制作中的应用

　　针对短视频制作中的痛点，有什么有效的解决方法呢？在本节中，我们将介绍 ChatGPT 在短视频制作中的应用，包括利用 ChatGPT 挖掘短视频选题、利用 ChatGPT 生成短视频标题、利用 ChatGPT 生成短视频脚本。

5.2.1　利用ChatGPT挖掘短视频选题

　　ChatGPT 可以通过分析海量的语料库和用户数据，提供一些热门话题和相关的主题词，帮助我们发掘好的短视频主题和创意。

　　那么如何使用 ChatGPT 来挖掘好的短视频选题呢？

⧉ 案例：利用 ChatGPT 挖掘短视频选题

`Prompts` 请你给出［数字］个短视频选题，主题是［主题方向］。

> 🔟 **提问：** 请你给出 10 个短视频选题，主题是"AI科技"。

> ⑤ **回答：** 好的，以下是我为您提供的 10 个短视频选题，主题是"AI科技"。
> 　　1. AI如何改变我们的生活
> 　　2. 人工智能与医疗保健
> 　　3. 智能家居：AI如何改变我们的家庭生活
> 　　4. 机器人与人类：AI与人类互动的未来
> 　　5. AI如何改善城市交通

> 6. 人工智能在教育中的应用
>
> 7. 机器学习如何预测自然灾害
>
> 8. 人工智能与商业：AI 如何改变商业模式
>
> 9. 人工智能与创意产业
>
> 10. AI 在环保中的应用

如果想获得更具针对性的选题，就可以用前面章节提到的 Prompts 规范：

[身份角色]+[明确的需求]+[具体的需求描述]+[反向需求（可选）]+[主题关键词]

📑 案例：AI 科技类短视频文案选题

本案例在前面案例的基础上，对 ChatGPT 增加身份角色，并添加明确的需求和主题关键词，优化后的效果如下。

> 🎙 提问：假如你是一个团队，团队有经验丰富的短视频运营专家和一位 AI 专家。请你们给出 10 个短视频文案选题，主题是 "AI 科技"。

> ⑨ 回答：作为一个短视频运营专家和 AI 专家团队，我们提供以下 10 个短视频文案选题。
>
> 1. AI 科技带来的变革：探索 AI 技术如何改变我们的日常生活和工作方式
>
> 2. 智能家居：通过 AI 技术让我们的家变得更加智能化，从而提高生活的质量
>
> 3. 机器学习：了解机器学习如何让计算机模仿人类学习的过程，以及它在各个领域的应用
>
> 4. 人工智能和医疗保健：探索人工智能在医疗保健领域的应用，如智能诊断、药物研发等
>
> 5. 自动驾驶汽车：了解自动驾驶汽车如何利用 AI 技术实现自主驾驶，从而提高行车安全性和效率
>
> 6. 人工智能和金融服务：探索人工智能在金融服务领域的应用，如智能投资、风险管理等

> 7. 机器人技术：了解机器人技术如何改变我们的工作方式，以及它在各个行业中的应用
>
> 8. 自然语言处理：探索自然语言处理是如何让计算机理解和处理人类语言的，以及它在各个领域的应用
>
> 9. 虚拟现实技术：了解虚拟现实技术是如何模拟真实环境并与之交互的，以及它在各个领域的应用
>
> 10. 人工智能与艺术：探索人工智能在艺术创作中的应用，如自动生成音乐、绘画等

可见，通过优化提示词的信息，ChatGPT 不仅可以提供选题，还能解释选题所包含的相关内容，以帮助我们更全面地判断选题方向，从而推动下一步的工作。

📇 案例：健身技巧

本案例以"健身技巧"为主题关键词，对 ChatGPT 增加健身教练的身份角色，并明确具体的需求，ChatGPT 就会给出优质的健身技巧类选题。

> 🔟 **提问：** 假如你是一个专业的健身教练，在瘦身和体能方面具有较高的专业度，请你给出 10 个短视频文案选题，主题是"健身技巧"。

> ⑤ **回答：** 　　1. 如何正确完成哑铃卧推
> 　　2. 瘦手臂的有效方法
> 　　3. 3 分钟快速收紧腹部
> 　　4. 如何正确做深蹲
> 　　5. 提升体能的 3 种方法
> 　　6. 5 个高强度燃脂训练动作
> 　　7. 如何训练背部肌肉
> 　　8. 如何正确地进行拉伸
> 　　9. 深度解析引体向上的训练技巧
> 　　10. 5 个增强核心肌肉的动作

从上面生成的回答中可以看出，ChatGPT 提供的健身技巧选题频繁

使用了数字和问句，更加符合短视频的风格。

5.2.2 利用ChatGPT生成短视频标题

在短视频创作过程中，标题是吸引观众点击观看的重要元素之一。ChatGPT可以根据不同平台、用户调研、短视频钩子等需求，生成与选题相关的标题，从而提高短视频的点击率。

⧉ 案例：用 ChatGPT 简单生成短视频标题

下面以"如何训练背部肌肉"为主题，让ChatGPT来为我们生成短视频标题。

> 🔟 提问： 请帮我写10个适合短视频的标题，针对主题"如何训练背部肌肉"。

> ⑥ 回答： 1. 5分钟训练让你的背部肌肉变得更强壮！
> 2. 训练你的背部肌肉，获得完美的体态！
> 3. 使用这些训练器械让你的背部肌肉更有力！
> 4. 这些简单的动作将有助于塑造你的背部线条！
> 5. 尝试这些训练来消除背部疼痛和肌肉紧张！
> 6. 为什么训练背部肌肉对你的健康和体态有益？
> 7. 你需要知道的背部肌肉训练误区和技巧！
> 8. 训练背部肌肉的最佳时间和频率！
> 9. 使用这些拉伸训练增加你的背部肌肉柔韧性！
> 10. 使用体重训练让你的背部肌肉变得更强壮！

如果你希望得到更具吸引力的标题，就需要向ChatGPT描述更具体的短视频标题规范，以此指导其生成更优秀的创意。

⧉ 案例：限定短视频标题的风格

下面仍然以"如何训练背部肌肉"为例，并在提问中限定标题的风格。

> 🔟 提问： 请帮我写10个适合短视频的标题，针对主题"如何训练背部肌肉"。

短视频的标题风格如下。

1. 突出重点: 标题采用形象生动的词语、数字, 比如 "2 分钟告诉你""10 个必学""5 种你不得不学的"。

2. 祈使句、疑问句:"5 个你一定要知道的""为什么女人总是"。

3. 简短精练: 标题要简洁干练, 引起读者的思考并激发他们的好奇心, 从而吸引他们继续阅读。

⊚ 回答: 　1. 2 分钟学会训练背部肌肉的技巧

2. 10 个必学的背部肌肉训练动作

3. 5 种你不得不学的背部肌肉训练方式

4. 如何在短时间内训练背部肌肉?

5. 3 分钟教你如何训练背部肌肉

6. 为什么你需要训练背部肌肉?

7. 如何训练背部肌肉, 让你的身材更加完美?

8. 5 个你一定要知道的训练背部肌肉的方法

9. 如何通过训练背部肌肉改善姿势?

10. 如何利用家庭器材训练背部肌肉?

观察优化后的结果, 我们可以发现, "5 个""2 分钟""必学"等字眼能更好地激发用户的好奇心, 提高标题的吸引力。

同时, 根据实际需求和视频目标用户的不同特点, 我们可以进一步定制化标题, 使其更具针对性和个性化, 从而进一步提高 ChatGPT 生成的短视频标题的质量。

📑 案例: 根据视频目标用户生成短视频标题

下面还是以"如何训练背部肌肉"为例, 但在提问中添加上目标用户。

🔟 提问: 　请帮我写 10 个适合短视频的标题, 针对主题"如何训练背部肌肉", 针对上班劳累人群。

短视频的标题风格如下。

1. 突出重点: 标题采用形象生动的词语、数字, 比如 "2 分钟告诉你""10 个必学""5 种你不得不学的"。

2. 祈使句、疑问句:"5 个你一定要知道的""为什么女人总是"。

3. 简短精练:标题要简洁干练,引起读者的思考并激发他们的好奇心,从而吸引他们继续阅读。

🔵 回答: 1. 2 分钟学会训练背部肌肉的秘诀

2. 5 个必学背部训练动作,轻松打造完美身材

3. 如何在上班时间内训练背部肌肉?

4. 10 种高效训练背部肌肉的方法,劳累也能有好身材

5. 背部肌肉训练,劳累也能有好身材,你不得不知道的 5 种动作

6. 超简单背部肌肉训练,让你瞬间摆脱上班的疲劳

7. 为什么上班族需要训练背部肌肉,5 个理由告诉你

8. 5 分钟学会背部肌肉训练,让你随时随地都能锻炼

9. 背部肌肉训练对于上班族的重要性,你了解吗?

10. 如何用家居用品训练背部肌肉,让你的家变成私人健身房

📑 案例:根据特定场景生成短视频标题

下面还是以"如何训练背部肌肉"为例,但在提问中可以设定健身场景。

🔟 提问: 请帮我写 10 个适合短视频的标题,针对主题"如何训练背部肌肉",在家里的健身方法,不需要健身器材。

短视频的标题风格如下。

1. 突出重点:标题采用形象生动的词语、数字,比如"2 分钟告诉你""10 个必学""5 种你不得不学的"。

2. 祈使句、疑问句:"5 个你一定要知道的""为什么女人总是"。

3. 简短精练:标题要简洁干练,引起读者的思考并激发他们

的好奇心，从而吸引他们继续阅读。

💬 回答：　　1. 2 分钟告诉你：如何在家锻炼背部肌肉

2. 5 个必学的背部训练动作，不需要器材

3. 瘦身必修课：家庭背部肌肉训练

4. 在家也能变身肌肉男：背部训练指南

5. 不用去健身房，也能让背部肌肉更强壮

6. 为什么每个人都需要关注背部肌肉的训练？

7. 5 种你不得不学的背部肌肉训练方法

8. 如何在家训练背部肌肉，无需任何设备？

9. 10 个家庭背部肌肉训练，轻松锻炼你的背部肌肉

10. 在家如何通过背部训练变得更健康、更强壮？

5.2.3　利用ChatGPT生成短视频脚本

通过输入一些关键词或提供一些背景信息，ChatGPT可以自动生成短视频脚本，帮助创作者更快地获得创意和构思短视频内容。

同时，ChatGPT可以根据输入的关键词和上下文语境，自动生成符合不同社交平台文案风格的短视频文案，这样一来，创作者无需费时费力地针对不同的社交平台进行文案适配。

此外，它还能够将复杂难懂的文章转化为易于理解的短视频文案，这不仅可以减轻创作者的工作负担，而且可以提高短视频文案的质量和可读性，让观众更轻松地理解和接受短视频内容。

下面共分 4 个步骤，教会大家用ChatGPT生成程度从简单到个性化的短视频文案。

1. 直接输出短视频文案

首先我们通过一个简单的提示词让ChatGPT来直接输出短视频文案。

📑 案例：直接输出短视频文案

Prompts　假如你是短视频平台的博主，请你按照短视频平台的

文案风格帮我写一份短视频脚本，包括标题和文案，主题是"[主题关键词]"。

⑩ 提问： 假如你是短视频平台的博主，请你按照短视频平台的文案风格帮我写一份短视频脚本，包括标题和文案，主题是"ChatGPT 对未来教育的重大影响"。

◎ 回答： 标题：ChatGPT 大放异彩！未来教育将如何被颠覆？
文案：
大家好，我是来自短视频平台的小编，今天要跟大家聊一聊 ChatGPT 对未来教育的重大影响。

随着 AI 技术的不断进步，ChatGPT 成为当前最先进的自然语言处理模型之一，它将给教育领域带来巨大的影响。

ChatGPT 不仅可以为教师和学生提供个性化的学习资源和答疑服务，还能够通过语义分析和情感识别等技术实现更加人性化的交互体验，让学习变得更加有趣、高效。

此外，ChatGPT 还可以通过智能评估和推荐算法等手段帮助学生更好地掌握学习进度和方向，促进其学业发展。

综上所述，ChatGPT 的出现，将会让学习变得更加智能化、个性化和高效化，进而推动教育向着更加开放、包容和创新的方向发展。

2. 增加短视频脚本的描述

如果你觉得 ChatGPT 输出的短视频文案过于简单且没有真实感，那么你可以增加对短视频文案的描述。可以先向 ChatGPT 提问需要提供什么信息给它。

📑 案例：增加短视频文案需要的信息

⑩ 提问： 如果我想让你帮我写短视频文案，请问需要提供什么信息给你？

◎ 回答： 如果您想让我帮您写短视频文案，以下是可能需要提供的信息。

1. 视频主题：告诉我您的视频是关于什么的，是宣传品牌、介绍产品，还是宣传活动等。

2. 视频长度：告诉我您的视频长度是多长，这将有助于我确定所需的文案字数。

3. 目标受众：告诉我您想要吸引的受众是谁，他们的年龄、性别、地理位置、职业等信息。

4. 视频内容：详细描述视频的内容和主题，例如，视频中所展示的产品或服务、品牌宣传的理念和特点、活动的主题和背景等。

5. 视频风格：告诉我您期望的视频风格是什么，例如，是幽默搞笑的还是正式严肃的，是情感化的还是理性的。

6. 标题：如果您已经有了一个标题，可以告诉我，我可以从标题出发帮您撰写文案。

7. 核心信息：告诉我您想要在视频中突出的信息是什么，这有助于我在文案中准确地表达您的意图。

8. 声音和音效：如果您有特别的声音和音效需求，比如背景音乐、音效、旁白等，请告诉我，我可以在文案中考虑到这些要素。

9. 其他要求：如果您有其他的特殊要求或考虑点，请告诉我，我会尽力满足您的需求。

接着你就可以根据ChatGPT的回答提供相关的信息，如视频长度、视频内容、目标受众等。

🔟 **提问：** 假如你是短视频平台的博主，请你按照短视频平台的文案风格帮我写一份短视频脚本，包括标题和文案，主题是"ChatGPT对未来教育的重大影响"。

1. 内容包含具体案例，对学生教育、老师授课的影响。

2. 标题是"家长一定要注意ChatGPT对未来教育的这3个影响"。

3. 面向人群是家长。

4. 口吻是"家庭教育陈老师"以第一人称表述。

5. 视频长度为 2 分钟。

⑩ 回答： 标题：家长一定要注意 ChatGPT 对未来教育的这 3 个影响

文案：

大家好，我是家庭教育陈老师，今天要和家长朋友们聊一聊 ChatGPT 对未来教育的重大影响，并分享 3 个实际案例。

首先，ChatGPT 可以为学生提供个性化的学习资源和答疑服务。比如，我的一个学生琪琪在做数学作业时总是遇到难题，而我和她的家长不能时刻在她身边及时回答她的问题。但是，有了 ChatGPT，琪琪只需要向它提问，便可以得到精准的答案和解题思路，学习效率得到了很大提高。

其次，ChatGPT 可以通过语义分析和情感识别等技术实现更加人性化的交互体验，让学习变得更加有趣、高效。例如，我的另一个学生小丽一直对英语学习不感兴趣，但是在使用 ChatGPT 后，她发现 ChatGPT 可以根据自己的兴趣推荐学习内容，并采用富有情感的对话方式，学习变得更加有趣，她也开始主动参与到英语学习中。

最后，ChatGPT 还可以通过智能评估和推荐算法等手段帮助老师更好地掌握学生的学习进度和方向，提供个性化的教学服务。例如，我的一个同事，在班级管理方面遇到了困难，但是有了 ChatGPT，她可以通过 ChatGPT 生成相关的班级规章制度的方案，同时可以根据每个学生的情况设计学习方案。

综上所述，ChatGPT 对于未来教育的影响是巨大的。作为家长，我们要重视这种新型技术带来的变革，积极引导孩子适应未来教育的发展。

通过提供内容方向、面向人群等元素，可以使 ChatGPT 提供的文案更具有针对性，更贴合家长群体的需求。此外，引入"陈老师"的人设，更进一步增强了视频文案的真实感和可信度。

3. 特定需求定制化

短视频的内容风格可以根据不同的元素进行分类。以下是一些常见的分类和相关的解释。

（1）个人经历：通常以展示作者或其他人的经验和见解为主，包括旅行日记、个人成长故事、职业生涯经验等。这种类型的视频通常会引起观众的共鸣。

（2）个人背景：通常是以作者的个人背景为基础，以介绍其所在地的文化、语言、生活方式等为主。这种类型的视频可以帮助观众了解不同文化之间的差异和相似之处，增强对多元化社会的理解。

（3）IP特点：基于一个特定的账号或人设进行创作。这种类型的视频可以以某个具体账号或人设为切入点，形成独特的风格、个性、语言、身份等。

📑 **案例：对短视频文案增加特定需求**

这里通过增加IP特点的信息，让ChatGPT输出更加精准的回答："家庭教育陈老师"以第一人称表述，陈老师的背景是本科就读于北京大学，硕士毕业于哈佛大学，同时有10年的教育经验。

> 🔟 **提问：** 假如你是短视频平台的博主，请你按照短视频平台的文案风格帮我写一份短视频脚本，包括标题和文案，主题是"ChatGPT对未来教育的重大影响"。
>
> 　　1. 内容包含具体案例，对学生教育、老师授课的影响。
>
> 　　2. 标题是"家长一定要注意ChatGPT对未来教育的这3个影响"。
>
> 　　3. 面向人群是家长。
>
> 　　4. 口吻是"家庭教育陈老师"以第一人称表述，陈老师的背景是本科就读于北京大学，硕士毕业于哈佛大学，同时有10年的教育经验。
>
> 　　5. 视频长度为2分钟。

回答： 标题：家长一定要注意 ChatGPT 对未来教育的这 3 个影响

文案：

大家好，我是家庭教育陈老师，本科就读于北京大学，硕士毕业于哈佛大学，同时我有超过 10 年的教育经验。今天，我想和各位家长聊一下未来教育中一个非常重要的话题——ChatGPT 对教育的影响。

ChatGPT 是一种人工智能技术，可以帮助学生和老师更好地学习和教授知识。下面我将为您介绍 3 个 ChatGPT 对未来教育的影响。

第一个影响是，ChatGPT 可以帮助学生更好地学习。通过 ChatGPT，学生可以获取到更多、更准确的知识，因为它可以快速地回答学生的问题，甚至可以根据学生的兴趣爱好提供相应的学习资源。例如，学生可以使用 ChatGPT 做作业、答疑解惑，甚至可以通过 ChatGPT 进行自学。

第二个影响是，ChatGPT 可以改变老师的授课方式。通过 ChatGPT，老师可以更好地了解学生的学习情况和进度，因为 ChatGPT 可以帮助老师监控学生的学习过程，及时发现学生的问题和困难。同时，ChatGPT 还可以提供更多的教学资源和建议，帮助老师更好地授课和管理班级。

第三个影响是，ChatGPT 可以改善教育资源的分配。在一些贫困地区或偏远地区，教育资源可能不够充足，而 ChatGPT 可以通过互联网等技术手段将教育资源传播到这些地区，帮助更多的学生获取高质量的教育资源。

总的来说，ChatGPT 对未来教育的影响是非常重要的，它可以帮助学生更好地学习，改变老师的授课方式，以及改善教育资源的分配。作为家长，我们应该关注这些影响，并且帮助我们的孩子更好地使用这些技术。谢谢收看！

4. 强化视频脚本属性

短视频除了文案，有时对画面视觉、视频脚本也有较高的要求，因此我们可以给 ChatGPT 提供视频脚本需要的信息，让它自动生成短视频脚本文案。

（1）景别：远景、全景、中景、近景、特写。

（2）画面：通过各种场景，展现出视频要表达的东西。

（3）台词（文案）：视频中要讲述的内容，可以是人物对谈，也可以是旁白。

（4）运镜：镜头运动的方式，如：从近到远、平移推进、旋转推进等。

（5）道具：视频中除任务外的内容，可以丰富视频的画面。

案例：强化短视频中脚本属性

> 提问： 假如你是短视频平台的博主，请你按照短视频平台的文案风格帮我写一份短视频脚本，包括标题和文案，主题是"ChatGPT 对未来教育的重大影响"。
>
> 　1. 内容包含具体案例、对学生教育、老师授课的影响。
>
> 　2. 标题是"家长一定要注意 ChatGPT 对未来教育的这 3 个影响"。
>
> 　3. 面向人群是家长。
>
> 　4. 口吻是"家庭教育陈老师"以第一人称表述，陈老师的背景是本科就读于北京大学，硕士毕业于哈佛大学，同时有 10 年的教育经验。
>
> 　5. 视频长度为 2 分钟。
>
> 　视频脚本主要包括如下内容。
>
> 　1. 景别：远景、全景、中景、近景、特写。
>
> 　2. 画面：通过各种场景，展现出视频要表达的东西。
>
> 　3. 台词（文案）：视频中要讲述的内容，可以是人物对谈，也可以是旁白。
>
> 　4. 运镜：镜头运动的方式，如：从近到远、平移推进、旋转推进等。
>
> 　5. 道具：视频中除任务外的内容，可以丰富视频的画面。

回答： 标题：家长一定要注意 ChatGPT 对未来教育的这 3 个影响

景别：全景

画面：展示一所现代化的学校，周围是青山绿水，校园里有许多孩子在上课、玩耍。然后镜头聚焦在一个教室内。

台词（文案）：大家好，我是家庭教育陈老师。今天我要和大家聊聊 ChatGPT 对未来教育的重大影响。随着科技的发展，教育也正在发生变革。ChatGPT 是一种基于人工智能的语言模型，它正在改变着我们的教育方式。接下来我将分享 3 个 ChatGPT 对未来教育的影响，以期引起家长们的重视。

运镜：平移推进

画面：镜头聚焦在一个学生和一台电脑前。学生正在与电脑互动。

台词（文案）：首先，ChatGPT 能够帮助学生更好地学习。它可以提供个性化的教育资源，让学生能够根据自己的学习进度和兴趣进行学习。ChatGPT 还能够自动批改作业，让老师有更多的时间关注每个学生的学习情况。通过这样的方式，学生可以更有效地学习，掌握更多的知识。

运镜：从近到远

画面：镜头聚焦在一个老师和一群学生中间。老师正在用一台电脑教授课程。

台词（文案）：其次，ChatGPT 能够帮助老师更好地授课。老师可以使用 ChatGPT 来帮助学生理解概念，回答学生的问题。这种方式可以帮助老师更好地与学生互动，让学生更好地理解和掌握知识。

运镜：旋转推进

画面：镜头聚焦在一群家长和一位教育专家中间。教育专家正在讲解教育模式的变化。

台词（文案）：最后，ChatGPT 能够改变整个教育模式。它可以帮助教育机构更好地为学生提供服务，让教育更加普惠。同时，ChatGPT 让学生在家里就能够接受高质量的教育，让教育更加便捷。这将对整个教育行业产生深远的影响。

画面: 镜头聚焦在陈老师的面部, 她向家长们发出呼吁。

台词(文案): 总之, ChatGPT正在改变我们的教育方式, 给我们带来了巨大的机遇。作为家长, 我们一定要关注这些变化, 以便更好地帮助我们的孩子。让我们共同期待未来的教育, 一起努力, 让孩子们能够取得更好的成绩, 迎接更美好的未来!

运镜: 特写

画面: 镜头聚焦在一台电脑上, 上面是ChatGPT的界面。

台词(文案): 如果你想了解更多关于ChatGPT的信息, 可以访问我们的官方网站或在评论区留言。谢谢大家的观看!

道具: 在视频中可以加入一些关于ChatGPT和未来教育的图片或动画, 以增强观看的体验。

通过以上 4 个步骤, 您可以逐步掌握如何使用ChatGPT生成高质量的视频文案。

同时, 为了让短视频更好地适应不同平台的需求和用户偏好, 我们还需要相应地改变其文案的风格, 接下来将介绍如何使用ChatGPT实现这一目标。

5.3　常用短视频平台视频文案提示词

抖音、快手、小红书等常用短视频平台中, 视频文案是影响用户点击观看的重要因素之一。我们可以利用ChatGPT, 根据不同平台的文案提示词, 更快捷地输出优质的短视频文案内容。

5.3.1　批量生成抖音、快手、小红书的视频文案

抖音和快手用户量大, 内容更新速度快, 因此在视频开头就要抓住用户的好奇心, 才能吸引他们继续观看。而小红书则更注重个人分享、种草的感觉, 需要更多的个性化文案来吸引用户。

我们需要使用符合不同平台调性的提示词，对视频文案进行优化，才能更好地吸引用户的注意力，提高短视频的点击率和传播效果。

1. 抖音 / 快手

在编写抖音或快手文案时需要注意以下几点。

• 标题：标题需要抓住观众的好奇心。如对比式，月薪 3 千和月薪 3 万的人区别在哪里；数字型，三招教会你如何健身。

• 文案内容：在抖音和快手平台上，观众的观看时长通常在 30 秒以内，因此文案需要简短、精练，每隔几秒设置一个吸引观众的点，突出视频的特点。

• 文案风格：文案的风格需要符合抖音和快手的调性，更贴近用户的日常生活，让用户感受到亲切和信任。可以采用流行的网络用语和表情符号。

• 文案结尾：在结尾时，可以展示更多的干货和知识点，引导观众点赞、转发，提高视频的传播效果。

在用 ChatGPT 生成抖音或快手的短视频文案时，提示词要有平台风格，可以添加具体的需求描述。

📑 案例：抖音风格的视频文案提示词

💬 提问：请你按抖音平台的风格写一个短视频文案，视频的主题是"ChatGPT 对教育行业的重大影响"，视频内容是描述 ChatGPT 对教育行业的影响，重点是 4 年大学学到的知识，ChatGPT 可以在短时间内获得，博主是 AI 老师老陈

抖音的文案风格如下。

1. 非常吸引眼球的标题：对比式，月薪 3 千和月薪 3 万的人区别在哪里；数字型，三招教会你如何瘦身。

2. 文案内容需要简短、精练，每隔几秒设置一个吸引观众的点，增加真实案例。

3. 对观众的称呼：家人们、朋友们。

4. 采用流行的网络用语和表情符号，突出视频的独特风格和

特色。

　　5. 多用口播，以第一人称视角讲文案，个人IP强。

回答：　Hey朋友们，你们知道吗？最近教育行业发生了一场巨变！我是你们的 AI老师老陈，今天要和大家聊聊 ChatGPT 对教育行业的重大影响。

　　曾经，我们会通过上学、听课、做作业、考试等方式积累知识，但是现在，ChatGPT 的出现改变了这一切。我们可以通过 ChatGPT 学习任何领域的知识，而且不需要像传统教育那样花费巨额的学费和时间。

　　不过，这并不是说传统教育已经不重要了，毕竟人与人之间的交流和互动是学习的重要方式。但是，我们需要认识到，ChatGPT 对教育的影响已经变得越来越显著，我们需要适应这个新的时代。

　　所以，朋友们，学习新知识的方法正在发生改变，让我们与时俱进，一起掌握 ChatGPT 这个强大的工具，成为更好的自己！

　　所以你只需要通过输入针对抖音平台的提示词，描述清楚自己的需求，就可以使用ChatGPT轻松生成一个优质的短视频文案。

2. 小红书

　　在小红书平台上，用户更加看重的是个人分享的感觉。因此，在文案的编写上需要注意以下几点。

　　· 标题：小红书的标题需要简洁明了，突出视频的核心内容和特色。可以适当使用标点符号和表情符号来增强标题的表现力。需要注意标题字数不宜过长，要在 20 个字以内。

　　· 文案内容：小红书的文案可以更加详细地描述视频的内容和亮点，可以在文案中加入一些个人化的描述，塑造 IP 人设、提高用户信任感。

　　· 文案风格：文案的风格需要像是与朋友、闺密之间的分享，更贴近用户的日常生活，让用户感受到亲切。

　　在用ChatGPT生成小红书的视频文案时，提示词一定要注意以上几点。

📑 案例：小红书风格的视频文案提示词

🔟 **提问：** 请你按小红书的风格写一个短视频文案，视频的主题是"口红推荐"，视频内容是详细的口红货号和特点。

小红书的文案风格如下。

1. 非常吸引眼球的标题。

2. 文案内容需要结合个人体会/体验，同时加上夸张语句，如"神仙×××""真的绝了""吹一辈子"。

3. 对观众的称呼：集美们、姐妹们。

4. 常见博主人设：姐妹、宝妈、留学背景、金融背景、咨询背景、学生党等。

◎ **回答：** 标题：没有人可以拒绝这 3 支口红

集美们，今天我来跟你们分享几支我用过后觉得真的绝了的口红，不管是日常还是特殊场合都非常适合哦！

第一支口红是神仙级别的，它就是蒂芙尼的小红盒唇膏，货号×××。这支口红非常显色，非常适合皮肤白皙的姐妹们。而且它的质地非常滋润，搭配了珍珠粉末，让你的嘴唇看起来更加水润嫩滑。用了这支口红，我都觉得自己变成了蒂芙尼的小公主呢！

接下来要介绍的是一支很有情调的口红，它是×××牌的，货号×××。这支口红非常适合搭配清新的衣服，因为它的颜色很柔和，但又不失气质。我很喜欢它的质地，非常滑润，不会让唇部有紧绷感。

最后要介绍的是一支非常高级的口红，它是×××牌的，货号×××。这支口红非常适合特殊场合使用，比如约会或重要的商务活动。它的颜色非常正，让人看起来很有气场。而且它的质地非常滋润，不会让唇部感到干燥。用了这支口红，我都觉得自己成了大佬级别的人物呢！

> 姐妹们，以上就是我要分享的口红推荐了。希望你们能够喜欢，并且在使用它们的时候也能够变得更加自信和美丽！

5.3.2　将已有文案批量修改为各类短视频平台风格

除了直接生成视频文案，我们还可以利用ChatGPT的上下文功能，将已有文案改写成适合不同平台的风格，共分为三步。

（1）告诉ChatGPT需要根据某个平台的文案风格进行改写，输入对应的视频文案风格。

Prompts 接下来我会发文案给你，请你根据［平台名称］平台的风格改写文案。［平台名称］平台的文案风格：［平台文案风格描述］。

（2）输入需要改写的文案，让ChatGPT进行自动化的文案改写。

（3）根据需求，可以直接复制导出改写后的文案，或者再次优化，以达到更好的效果。

下面通过案例讲解如何将已有文案改为各类短视频平台风格。

📑 案例：将已有文案改为小红书平台风格

🔟 提问：（提供平台文案风格）

接下来我会发文案给你，请你根据小红书平台的风格改写文案。

小红书平台的文案风格如下。

1. 非常吸引眼球的标题。

2. 文案内容需要结合个人体会/体验，同时加上夸张语句，如"神仙×××""真的绝了""吹一辈子"。

3. 对观众的称呼：集美们、姐妹们。

4. 常见博主人设：姐妹、宝妈、留学背景、金融背景、咨询背景、学生党等。

💬 回答：好的，请发送您的文案给我，我会根据小红书平台的文案风格进行改写。

提问： Gucci 是一家意大利奢侈品牌，由意大利人 Guccio Gucci 于 1921 年创立。Gucci 的标志性设计包括鳄鱼皮、金色扣子和绿红带子。Gucci 的产品线包括服装、鞋子、手袋、珠宝、手表、香水和家居用品等。

　　Gucci 的品牌宣传备受关注。该品牌利用社交媒体和明星代言人来扩大其知名度。例如，Gucci 在 Instagram 上有超过 5000 多万的粉丝，并与许多知名人士合作。

　　Gucci 在可持续性方面也投入了大量的精力。该品牌已经承诺到 2030 年将实现碳中和，并采取了多项措施来减少对环境的影响。例如，他们使用可持续材料，如有机棉和再生聚酯纤维等，以减少对环境的负面影响。

　　总之，Gucci 是一家备受瞩目的奢侈品牌，其标志性设计和多样化的产品线吸引了众多忠实粉丝。

回答： 小红书风格改写：

　　集美们，今天跟你们聊聊一家闻名全球的奢侈品牌——Gucci！Gucci 品牌由意大利人 Guccio Gucci 于 20 世纪 20 年代创立，至今已经成为全球瞩目的奢侈品巨头！

　　你们一定不会忘记 Gucci 标志性的设计，鳄鱼皮、金色扣子和绿红带子，每一款产品都彰显着极致的奢华感！

　　Gucci 的品牌宣传也十分厉害哦！他们利用社交媒体和明星代言人来扩大品牌知名度，Gucci 在 Instagram 上拥有超过 5000 万粉丝，并与许多知名人士合作，让 Gucci 成为每个时尚爱好者的心头好。

　　最后，Gucci 在可持续性方面也十分重视。他们承诺到 2030 年将实现碳中和，并采取了多项措施来减少对环境的影响，例如，使用可持续材料，如有机棉和再生聚酯纤维，致力于让我们的地球更加美好！

　　总之，Gucci 不仅是一家备受瞩目的奢侈品牌，而且在可持续性方面也做出了很多努力。相信未来 Gucci 也会继续带给我们更多的惊喜！

提问：（二次优化）
请你增加个人使用的感受和真实产品货号，提高文案真实感。

回答：好的，那么根据您的要求，我为您改写一下文案。

集美们，今天要跟你们分享我个人使用 Gucci 的感受！Gucci 是一家全球知名的奢侈品牌，我最爱的就是他们标志性的鳄鱼皮和金色扣子。

我最近入手了 Gucci 的"Marmont"系列手袋，货号为443496 DRW3T 5729，这款手袋真的绝了！除了造型时尚，使用感受也非常好，皮质柔软且耐用，无论是街拍还是正式场合都非常合适。

除了产品本身，Gucci 的品牌宣传也非常吸引眼球。他们在Instagram 上拥有超过 5000 万粉丝，并与许多知名人士合作，让 Gucci 的品牌知名度更加广泛。

最后，Gucci 在可持续性方面也做出了很多努力，他们使用可持续材料，如有机棉和再生聚酯纤维，致力于减少对环境的负面影响，这也让我更加放心购买 Gucci 的产品。

总之，Gucci 是一家备受瞩目的奢侈品牌，他们的产品设计时尚，使用感受舒适，同时在可持续性方面也做出了很多努力。如果你还没有尝试过 Gucci 的产品，不妨试试看吧！

可以发现，在提示词中加入社交媒体平台的文案风格后，ChatGPT就会对原有文案风格进行调整。这不但使文案更贴合平台风格，利于传播，而且大大提高了工作效率。

## 第6章

用 ChatGPT 打造高效私域流量

微信作为中国最大的社交媒体平台之一，为企业、个体提供了广阔的市场和客户资源。本章将探讨如何利用ChatGPT优化微信私域流量运营策略，帮助企业打造高效的微信公众号、好友营销和私域运营策略。

6.1 ChatGPT帮助微信公众号运营

微信公众号是微信提供的一种服务，已经成为许多企业实现品牌宣传、推广销售的重要平台。然而，想要打造一个优质的公众号并不容易。本节将分析公众号的运营痛点，并给出通过ChatGPT来解决的办法。

6.1.1 公众号内容创作的痛点

微信公众号作为一个沟通发布信息的平台，虽然自带流量，拥有庞大的用户群体，与用户的互动性也较强，但在内容创作方面也有一些痛点，主要集中在以下几个方面。

1. 创作效率低下

公众号内容创作需要经历确定选题、搜集整理素材、搭建文章大纲、填充内容等多个环节，且需要不断学习和拆解优质推文，这使得内容创作效率低下，成为公众号运营的一大瓶颈。同时，在运营公众号时还需要管理社交媒体账户、制定营销策略、与读者互动等，如果这些任务分配不合理也会影响创作效率。

2. 内容质量不稳定

公众号的内容需要具备高质量、高可读性和高原创性，而且需要针对不同的读者需求和场景进行定制。如果内容质量不稳定，会导致读者流失和阅读量下降。同时，公众号的内容还需要遵守平台的规定和法律法规，如果不合规或抄袭他人作品，会影响公众号的声誉和运营。

3. 缺乏创意和亮点

公众号的内容需要有新意、有亮点、有趣味性，才能吸引读者关注和阅读。如果内容缺乏创意和亮点，不仅会导致读者流失，还会影响公众号的曝光和传播。

针对以上这些痛点，我们可以运用 ChatGPT 来辅助内容创作，提高创作效率和内容质量。

6.1.2　辅助生成公众号文章

ChatGPT 基于它海量的数据和文案写作能力，能够辅助生成公众号文章。下面就来讲述如何通过 ChatGPT 实现公众号文章创作。

1. 公众号文章创作

选题策划是公众号文章创作的第一步，需要结合公众号 IP 和目标受众，选择与 IP 定位相关的、符合热点趋势的话题。在这一过程中，可以运用 ChatGPT 根据相关信息进行选题策划。

📑 **案例：利用 ChatGPT 生成公众号选题**

> 🔟 **提问：** 假如你是一个经验丰富的公众号运营专家。请你给出几个公众号
> 文章的选题，选题的主题是"家庭教育"。

⑤ 回答：　1. 如何培养孩子的自信心和独立性？

2. 家长应该如何与孩子进行有效的沟通？

3. 家庭教育中的性别平等教育该如何实施？

4. 如何帮助孩子建立正确的价值观和人生观？

5. 家庭教育中如何平衡学业和兴趣爱好的发展？

6. 家庭教育中的心理健康教育该如何实施？

7. 家长如何帮助孩子养成良好的生活习惯和行为习惯？

8. 家长如何应对孩子的情绪问题和行为问题？

9. 家庭教育中如何培养孩子的创新思维和创造力？

10. 家长如何帮助孩子正确看待失败和挫折，并从中成长？

可以看到 ChatGPT 针对"家庭教育"已经给出了不错的回答，但如果想获得更加有针对性的选题，可以结合公众号 IP 和目标受众，选择与 IP 定位相关的、符合热点趋势的话题。

2. 公众号 IP 定位

以上面案例为基础，对公众号的选题进行优化，需要符合公众号 IP 的定位。

📒 **案例：生成选题符合公众号 IP 定位**

⑩ 提问：　假如你是一个经验丰富的公众号运营专家。请你给出几个公众号文章的选题，选题的主题是"家庭教育"，同时该选题需要符合公众号 IP 的设定：针对留学生家长、高认知家长、孩子计划或已经留学的人群。

⑤ 回答：　1."如何让孩子在留学中受益匪浅？"——探讨留学生家长如何让孩子在留学中获得更多的成长和收获。

2."高智商与高 EQ 孩子的教育，你需要知道的 3 点建议"——针对高认知家长，介绍高智商和高 EQ 孩子的教育方法和技巧，帮助高认知家长更好地教育自己的孩子。

3."如何帮助孩子规划未来留学计划？"——针对正在计划

留学的家庭，探讨如何帮助孩子规划未来的留学计划，包括选校、选专业、申请流程等方面的建议和注意事项。

4.“如何培养孩子的自主学习能力？”——针对留学生家长，介绍如何培养孩子的自主学习能力，让孩子在留学生涯中更好地适应新环境和新挑战。

5.“如何帮助孩子更好地融入海外社交圈？”——针对留学生家长，探讨如何帮助孩子更好地融入海外社交圈，建立自己的人脉和社交关系，更好地适应留学生涯。

从上面回答中可以发现，ChatGPT 不但给出了确定主题的选题，而且给出了相应的人群定位，符合公众号 IP 的设定。

3. 目标受众

对于公众号选题，除了可以设置公众号 IP 定位，也可以设置目标受众。

📑 案例：生成选题符合目标受众

> 🔟 **提问：** 假如你是一个经验丰富的公众号运营专家。请你给出几个公众号文章的选题，选题的主题是"家庭教育"，目标受众是家庭中的父亲。

> ⊚ **回答：** 作为公众号运营专家，以下是我给出的几个"家庭教育"主题的选题建议，目标受众为家庭中的父亲。
>
> 1. 如何培养孩子的责任感和独立性：这篇文章可以探讨父亲如何帮助孩子学会承担责任、自我管理的能力，以及如何在日常生活中创造让孩子独立成长的环境和机会。
>
> 2. 父亲如何与孩子沟通：沟通是家庭教育中非常重要的一个方面，这篇文章可以讲述父亲如何有效地与孩子沟通，如何倾听孩子的想法和情感，以及如何通过有效的沟通建立亲密的家庭关系。
>
> 3. 如何帮助孩子建立健康的生活习惯：这篇文章可以介绍父

亲如何帮助孩子建立健康的生活习惯，比如规律的作息时间、健康饮食和适度的运动等，以及如何鼓励孩子养成良好的习惯。

4. 如何帮助孩子发展兴趣爱好：父亲在孩子的成长过程中扮演了重要的角色，可以帮助他们发现并培养兴趣爱好。这篇文章可以探讨父亲如何与孩子一起探索新事物，以及如何支持他们追求自己的兴趣爱好。

5. 如何帮助孩子树立良好的价值观：这篇文章可以讲述父亲如何通过言传身教，帮助孩子树立正确的价值观和道德观，如何教育孩子尊重他人、珍惜生命、关爱社会等。这篇文章可以为父亲提供一些实用的教育技巧和方法，帮助他们更好地引导孩子成长。

6.1.3 辅助公众号内容创作

公众号的内容创作主要包括标题创作、文章大纲搭建、内容填充、添加封面和摘要等。

1. 标题创作

公众号文章的标题需要短小精悍，具有新意和亮点，同时符合搜索引擎优化要求。可以利用ChatGPT生成与文章主题相关的标题，提高标题创作的效率和质量。

案例：根据选题方向生成文章标题

> 提问： 请帮我写 10 个适合公众号文章的标题，针对主题"如何帮助孩子发展兴趣爱好：父亲在孩子的成长过程中扮演了重要的角色，可以帮助他们发现并培养兴趣爱好。这篇文章可以探讨父亲如何与孩子一起探索新事物，以及如何支持他们追求自己的兴趣爱好"。

> 回答： 1. 如何成为一个鼓励孩子发展兴趣爱好的父亲
> 2. 如何与孩子一起探索新事物：父子共同成长之路
> 3. 为孩子选择正确的兴趣爱好：父亲的指南

4. 父亲如何支持孩子在兴趣爱好中追求卓越

5. 建立亲密的家庭关系：父亲在孩子兴趣爱好发展中的角色

6. 从小培养孩子的兴趣爱好：父亲的重要作用

7. 如何帮助孩子发现并发展他们的潜力

8. 父亲与孩子的兴趣爱好：共同创造美好回忆

9. 培养孩子的自信心：父亲如何帮助他们在兴趣爱好中获得成功

10. 如何将孩子的兴趣爱好转化为未来的职业道路：父亲的指导之路

在上面的回答中，虽然 ChatGPT 给出了 10 个符合选题方向的公众号文章标题。但显然这些标题还是过于平庸，因此需要向 ChatGPT 提供更具体的公众号标题规范。

📋 案例：添加公众号的文章标题风格

🔟 **提问：** 请帮我写 10 个适合公众号的标题，针对主题"如何帮助孩子发展兴趣爱好：父亲在孩子的成长过程中扮演了重要的角色，可以帮助他们发现并培养兴趣爱好。这篇文章可以探讨父亲如何与孩子一起探索新事物，以及如何支持他们追求自己的兴趣爱好"。

公众号的标题风格如下。

1. 突出重点：标题采用形象生动的词语、数字，比如"家庭教育的 5 个法则，培养有出息的孩子""10 个健身人士不知道的高危行为""5 种你不得不学的"。

2. 祈使句、反问句、感叹句："5 个你一定要知道的""为什么女人总是"。

3. 简短精练：标题简洁干练、吸引观众，让读者迅速了解文章内容并激发他们的好奇心，从而吸引他们继续阅读。

4. 结果导向：看完文章观众可以得到什么，比如"一文看懂 AIGC""×××一文尽览"。

🌀 **回答-1：**　1. 父亲必备：帮助孩子培养兴趣爱好的 7 大技巧

2. 如何发现孩子的潜力？父亲的 3 个秘诀

3. 从小培养孩子的兴趣，带来大未来！

4. 父亲必看：如何帮助孩子找到适合自己的兴趣爱好？

5. 暑假到了，如何帮助孩子度过有意义的假期？

6. 培养孩子的好奇心，从而激发他们的兴趣爱好

7. 父亲如何在工作忙碌的同时，帮助孩子发展兴趣爱好？

8. 5 个简单而有用的方法，让孩子对某项兴趣爱好更加热爱

9. 父亲如何支持孩子追求自己的梦想？

10. 在培养孩子兴趣爱好的过程中，父亲如何建立更亲密的家庭关系？

回答-2： 1. 打开孩子兴趣之门：父亲如何帮助孩子培养兴趣爱好

2. 10 个方法帮助孩子发掘自己的兴趣爱好，你知道吗？

3. 探索新事物，建立亲密关系：父亲如何陪伴孩子成长

4. 让孩子找到属于自己的爱好：父亲在培养兴趣方面的重要作用

5. 如何引导孩子发展多元化的兴趣爱好？

6. 探索孩子的潜能：父亲如何发掘孩子的兴趣天赋？

7. 培养孩子独立思考能力的关键：让他们发现自己的兴趣爱好

8. 如何帮助孩子克服兴趣爱好发展中的障碍？

9. 孩子的兴趣爱好成长路：父亲的引导和陪伴

10. 让孩子的兴趣爱好成就他们的未来：父亲如何帮助孩子实现梦想？

在提问中添加了公众号的文章标题风格，以上回答中的标题比之前的要灵活很多。此外，根据实际需求和目标用户的不同特点，我们还可以进一步定制化标题，使其更具针对性和个性化，从而进一步提高 ChatGPT 生成标题的质量。

案例：结合当下热点生成公众号文章标题

提问：请帮我写 10 个适合公众号的标题，针对主题"如何帮助孩子发展兴趣爱好：父亲在孩子的成长过程中扮演了重要的角色，可以帮助他们发现并培养兴趣爱好。这篇文章可以探讨父亲如何与孩子一起探索新事物，以及如何支持他们追求自己的兴趣爱好"。标题提及 AI 相关的文案，因为 AI 对教育的影响非常大。

公众号的标题风格如下。

1. 突出重点：标题采用形象生动的词语、数字，比如"家庭教育的 5 个法则，培养有出息的孩子""10 个健身人士不知道的高危行为""5 种你不得不学的"。

2. 祈使句、反问句、感叹句："5 个你一定要知道的""为什么女人总是"。

3. 简短精练：标题简洁干练、吸引观众，让读者迅速了解文章内容并激发他们的好奇心，从而吸引他们继续阅读。

4. 结果导向：看完文章观众可以得到什么，比如"一文看懂 AIGC""×××一文尽览"。

回答：1. 打造亲子默契：AI 时代下如何帮助孩子培养兴趣爱好

2. 重塑亲子关系：父亲如何与孩子共同探索 AI 时代的新鲜事物

3. AI 的力量：如何借助科技让孩子更好地发展兴趣爱好

4. 用 AI 给孩子开启新世界：父亲如何帮助孩子追求自己的兴趣爱好

5. AI 时代的教育：父亲如何在孩子成长中扮演重要角色

6. 培养孩子兴趣爱好的正确方式：AI 教育+父亲陪伴

7. AI 技术如何影响孩子兴趣爱好的发展

8. 从孩子的兴趣出发：父亲如何帮助孩子在 AI 时代中寻找自我

9. AI 的助力：父亲如何陪伴孩子在兴趣爱好中茁壮成长

10. 孩子成长的必经之路：AI 时代下父亲的陪伴和指引

案例：根据特定场景生成公众号文章标题

提问： 请帮我写 10 个适合公众号的标题，针对主题"如何帮助孩子发展兴趣爱好：父亲在孩子的成长过程中扮演了重要的角色，可以帮助他们发现并培养兴趣爱好。这篇文章可以探讨父亲如何与孩子一起探索新事物，以及如何支持他们追求自己的兴趣爱好"。兴趣爱好偏向艺术类。

公众号的标题风格如下。

1. 突出重点：标题采用形象生动的词语、数字，比如"家庭教育的 5 个法则，培养有出息的孩子""10 个健身人士不知道的高危行为""5 种你不得不学的"。

2. 祈使句、反问句、感叹句："5 个你一定要知道的""为什么女人总是"。

3. 简短精练：标题简洁干练、吸引观众，让读者迅速了解文章内容并激发他们的好奇心，从而吸引他们继续阅读。

4. 结果导向：看完文章观众可以得到什么，比如"一文看懂AIGC""×××一文尽览"。

回答： 1. 如何培养孩子的艺术天赋？父亲应该知道的 5 个秘诀

2. 父亲是孩子成长中的重要角色，你知道怎么引导孩子养成艺术兴趣吗？

3. 父亲与孩子一起探索艺术世界的 10 个好方法

4. 培养孩子艺术天赋，从家庭教育做起

5. 让孩子热爱艺术，父亲需要做的 5 件事

6. 你知道培养孩子对艺术的兴趣有多重要吗？看完这篇文章你就知道了！

7. 培养孩子的艺术兴趣，父亲是关键

8. 帮助孩子探索艺术世界，这是父亲必须做的事情

9. 培养孩子艺术兴趣，从生活中的小事做起

10. 与孩子一起探索艺术世界，打造亲密家庭关系的秘诀

2. 文章大纲搭建

在确定好选题和标题之后，需要搭建文章的大纲，包括文章结构的设计、各个段落的内容安排等。在这一过程中，可以使用 ChatGPT 生成段落主题，为文章大纲搭建提供参考。

📇 案例：使用 ChatGPT 根据标题生成大纲

> 🔟 提问： 假如你是一个经验丰富的公众号运营专家。请你根据标题给出公众号文章的大纲，文章的标题是"如何发现孩子的潜力？父亲的3个秘诀"。

> ⑤ 回答： 文章大纲：
>
> I. 引言
> – 概述孩子潜力的重要性和家长的角色
> – 提出本文要讲解的 3 个秘诀
>
> II. 秘诀 1：观察孩子的兴趣和天赋
> – 解释如何观察孩子的兴趣和天赋
> – 提供案例和实际操作建议
>
> III. 秘诀 2：鼓励孩子尝试新事物
> – 解释尝试新事物对发现潜力的重要性
> – 鼓励孩子尝试新事物的实际操作建议
>
> IV. 秘诀 3：提供支持和机会
> – 解释提供支持和机会的重要性
> – 提供支持和机会的实际操作建议
>
> V. 结论
> – 总结 3 个秘诀的重要性
> – 强调家长的作用和责任
>
> VI. 结尾
> – 感谢读者的关注和阅读
> – 提供联系方式和其他相关资源的链接

如果想让文章更加个性化一点，可以增加对大纲的要求，如利用 ChatGPT 控制大纲标题的文案风格。

案例：用"动词＋宾语"的结构写大纲标题

提问： 假如你是一个经验丰富的公众号运营专家。请你根据标题给出公众号文章的大纲，同时用"动词＋宾语"的结构写大纲标题。文章的标题是"如何发现孩子的潜力？父亲的 3 个秘诀"。

回答： 大纲标题：

1. 观察孩子的兴趣爱好和特长
- 为什么兴趣爱好和特长很重要
- 如何注意孩子的行为和反应
- 如何观察孩子的兴趣爱好和特长

2. 鼓励孩子多尝试、多探索
- 为什么多尝试、多探索能够发现潜力
- 如何引导孩子多尝试、多探索
- 如何帮助孩子发现新的兴趣爱好和特长

3. 注重孩子的积极反馈和肯定
- 为什么积极反馈和肯定对孩子发现潜力很重要
- 如何给孩子积极反馈和肯定
- 如何帮助孩子树立自信心

4. 结语
- 总结父亲发现孩子的潜力的 3 个秘诀
- 呼吁家长关注孩子的潜力，给予孩子更多的机会和支持

案例：批量产出大纲

提问： 假如你是一个经验丰富的公众号运营专家。请你根据标题给出公众号文章的大纲，我需要 4 个版本，请说明每个版本的优缺点。文章的标题是"如何发现孩子的潜力？父亲的 3 个秘诀"。

回答：　　　**版本一**

标题：如何发现孩子的潜力？父亲的 3 个秘诀

大纲

I. 介绍：为什么发现孩子的潜力很重要？

II. 秘诀 1：观察孩子的兴趣和天赋

III. 秘诀 2：给孩子提供多样化的经验和机会

IV. 秘诀 3：鼓励孩子尝试新的事物和挑战自己

V. 总结：如何在日常生活中发现孩子的潜力

版本二

标题：如何发现孩子的潜力？父亲的 3 个秘诀

大纲

I. 介绍：为什么父亲的角色很重要？

II. 秘诀 1：与孩子建立良好的沟通和关系

III. 秘诀 2：从小培养孩子的自信心和独立性

IV. 秘诀 3：给孩子提供正确的反馈和引导

V. 总结：如何成为一个激发孩子潜力的父亲

版本三

标题：如何发现孩子的潜力？ 3 个父亲的成功经验分享

大纲

I. 介绍：为什么经验分享很有价值？

II. 父亲 1 的秘诀：帮助孩子找到自己的兴趣和天赋

III. 父亲 2 的秘诀：鼓励孩子尝试新的事物和挑战自己

IV. 父亲 3 的秘诀：给孩子提供正确的反馈和引导

V. 总结：3 个父亲的经验的共同点和应用建议

版本一

优点：这个版本的大纲涵盖了一些基本的观察和培养孩子潜力的秘诀，适合针对家长的实用性文章，能够帮助家长更好地关注孩子的兴趣和天赋。文章的结构简单，易于阅读和理解。

缺点：这个版本的大纲缺乏深入的讨论，无法提供更具体和细致的指导。此外，这个版本的大纲比较通用，缺乏个性化和针对性，可能无法满足所有读者的需求。

版本二

优点：这个版本的大纲着重强调父亲在激发孩子潜力方面的重要作用，具有一定的针对性，能够帮助父亲更好地理解自己在孩子成长过程中的作用。此外，这个版本的大纲涵盖了一些与孩子沟通和引导相关的秘诀，能够提供更具体和细致的指导。

缺点：这个版本的大纲比较依赖于父亲的角色，可能会让其他亲属或家长感到被忽视。此外，文章的结构相对简单，可能无法满足一些读者的需求。

版本三

优点：这个版本的大纲采用了经验分享的形式，具有很强的可读性和亲和力。此外，3 个父亲的秘诀涵盖了不同方面的建议，能够提供多样化的观点和经验。

缺点：这个版本的大纲可能缺乏一些具体的细节和指导，无法提供更深入的探讨和解决方案。此外，这个版本的大纲可能会偏离主题，过多地介绍父亲的经验，而不是如何发现孩子的潜力。

3. 内容填充

完成文章大纲搭建后，需要对文章内容进行填充和升华，这时也可以利用 ChatGPT。

对于文章的内容填充，可以通过 ChatGPT 的上下文功能来实现，即基于同一个对话框让它直接根据大纲续写，这里使用上文的回答进行续写。

📑 案例：根据大纲生成内容

提问： 请你按照版本一的大纲写一篇公众号文章。

回答： 标题：如何发现孩子的潜力？父亲的 3 个秘诀

孩子是每个家庭最珍贵的财富，我们都希望他们能够发挥自己最大的潜力，成为有价值的人。但是，如何发现孩子的潜力呢？本文将会分享 3 个秘诀。

秘诀 1：观察孩子的兴趣和天赋

每个孩子都有自己的兴趣和天赋。当他们做自己喜欢的事情时，会表现出非凡的才能和热情。因此，我们需要仔细观察孩子的兴趣和天赋，并根据这些特点为他们提供更多的支持和机会。例如，如果孩子喜欢画画，我们可以给他们提供更多的画纸、颜料和绘画工具，鼓励他们不断地进行尝试和创造。

秘诀 2：给孩子提供多样化的经验和机会

孩子的成长需要多样化的经验和机会。我们可以带他们去不同的场所，让他们接触不同的人和事物，开阔他们的视野和思维。例如，我们可以带他们去博物馆、图书馆、公园和剧院，让他们感受不同的文化和艺术氛围。这样的经历可以帮助孩子发现自己的潜力，并激发他们对生活的热爱。

秘诀 3：鼓励孩子尝试新的事物和挑战自己

孩子需要不断地挑战自己，才能够不断地成长。我们可以给他们提供不同的挑战和机会，鼓励他们尝试新的事物和技能。例如，我们可以让他们参加一些兴趣小组或社交活动，锻炼他们的社交技能和团队合作能力。这样的经历可以帮助孩子发现自己的潜力，并提高他们的自信和勇气。

总之，每个孩子都有自己的兴趣和天赋，需要我们仔细观察和关注。在日常生活中，我们可以为孩子提供多样化的经验和机会，让他们感受不同的文化和艺术氛围，不断挑战自己。只要我们用心关注孩子的成长和发展，就一定能够发现他们的潜力，让他们成为更有价值的人。

4. 添加封面与摘要

公众号文章的封面和摘要是吸引读者关注和提高阅读量的重要因素。如何创作出吸引人的封面和摘要，是公众号运营者需要考虑的问题。

公众号文章的封面需要根据文章主题来设计，以吸引读者点击进入。我们可以利用 ChatGPT 生成与文章主题相关的图片描述，提供封面的灵感，同时还可以直接通过 AI 绘画产品生成。

通过 ChatGPT 对封面进行设计有两个方法。

案例：通过公众号文章标题设计封面图

提问： 假如你是一个经验丰富的公众号封面设计师。请你根据公众号文章的标题，设计一张封面图，用文字描述该封面包含的元素。文章的标题是"如何发现孩子的潜力？父亲的 3 个秘诀"。

回答： 我会设计一张温馨的封面图，封面上会有以下元素。

1. 图片的主体是一个父亲和孩子的互动场景，可以是他们一起玩耍、学习或探索。这样的场景可以表现出父亲和孩子之间的深厚情感和相互信任。

2. 在主体场景的周围可以添加一些象征性的图案或文字，比如在画面边缘加上几只小手印或小脚印，或者加上一些小星星等。这些图案可以代表孩子的成长历程、成就和潜力。

3. 在封面的下方，用大号字体呈现文章的标题"如何发现孩子的潜力？父亲的 3 个秘诀"。选用清晰易读的字体，让读者一眼看清文章的主题和关键词。

4. 最后，在封面的右下方添加公众号名称和 Logo，让读者知道这篇文章是由哪个公众号发布的。公众号 Logo 应该选用简洁易记的设计，让读者一眼认出。

案例：通过公众号文章内容设计封面图

提问： 假如你是一个经验丰富的公众号封面设计师。请你根据上面的公众号文章的内容，设计一张封面图，并用文字描述该封面包含的元素。

回答： 这张封面图应该包含以下元素。

1. 孩子的形象：可以是一张可爱的孩子照片或手绘的卡通形象。

2. 多元化的元素：各种颜色的图书、音乐乐谱、各种球类、艺术品等。

　　3. 父母的角色：加入父母和孩子互动的场景，例如，父母陪伴孩子阅读、参加体育比赛等。

　　4. 简洁明了的标题：标题应该简洁明了地概括文章的主题和重点。

　　5. 清晰的排版和配色：封面图应该采用清晰的排版和配色，让人一目了然，同时应该与公众号的整体风格和主题相一致。

　　公众号文章的摘要应简洁明了，只需 1 ~ 2 行即可，目的是能够概括文章内容和亮点，引起读者兴趣。这时可以利用 ChatGPT 生成与文章主题相关的摘要，还是以前面版本一的公众号文章为例。

昬 案例：根据公众号文章生成摘要

🗨 提问：　请你将这篇文章概括为 1 ~ 2 行作为摘要。

💲 回答：　本文介绍了 3 个秘诀，帮助家长发现孩子的潜力，即观察孩子的兴趣和天赋、给孩子提供多样化的经验和机会、鼓励孩子尝试新的事物和挑战自己。

　　对于公众号文章，平铺直叙的方式是难以吸引受众的，所以我们可以和标题设计一样，增加摘要的需求描述，具体可以参考前面的讲解，这里不再赘述。

5. 拆解优质文章

　　拆解优质文章是公众号内容创作的重要环节，通过分析和拆解优质文章，可以借鉴优秀的创意和写作技巧，提高自己的文章质量和影响力。

　　拆解优化文章的流程具体分为两步：

　　（1）问 ChatGPT 一篇好的公众号文章有什么特点；

　　（2）输入一篇爆款文章让 ChatGPT 进行拆解分析。

案例：拆解优质文章

提问： 假如你是一个经验丰富的公众号运营专家。请你告诉我怎么分析一篇好的公众号文章。

回答： 一篇好的公众号文章，通常需要满足以下几个方面的要求。

1. 引人入胜：好的公众号文章有一个引人入胜的开头，能够吸引读者的眼球，让他们有兴趣继续阅读。

2. 有价值的内容：好的公众号文章需要提供有价值的信息或知识，能够满足读者的需求，解决他们的问题，或者带来新的启发。

3. 简明扼要：好的公众号文章简明扼要，可以让读者快速了解文章的主题和内容，并且易于理解。

4. 文字表达清晰：好的公众号文章用词准确，语句通顺，可以让读者轻松理解和消化文章内容。

5. 结构合理：好的公众号文章结构合理，有明确的逻辑和条理，可以让读者清晰地了解文章的脉络和结构。

除了以上几个方面，还需要考虑公众号的受众群体、内容风格、排版布局等因素，来进行文章的分析和评估。

提问： "标题：如何发现孩子的潜力？父亲的 3 个秘诀

孩子的潜力是无限的，作为家长，我们需要尽可能地发现和培养孩子的潜力，以帮助他们成为更好的自己。在这篇文章中，我将会分享 3 个秘诀，帮助你更好地发现孩子的潜力。

秘诀 1：观察孩子的兴趣和天赋

每个孩子都有自己的兴趣和天赋，作为家长，我们需要细心观察孩子的表现，发现他们的特长和潜力。比如说，我的朋友发现儿子 Tom 在很小的时候就表现出对音乐的浓厚兴趣，便鼓励儿子学习钢琴。现在，Tom 已经成为一位优秀的钢琴家，他的表演受到了很多人的赞誉。

秘诀 2：给孩子提供多样化的经验和机会

孩子需要不同的经验和机会来发掘自己的潜力。我们可以让孩子参加各种活动和比赛，以此来帮助他们发现自己的特长和兴趣。例如，我认识的一个家长经常带着孩子去参加各种运动和艺术类比赛，让孩子有机会锻炼自己的能力和表现自己的特长。

秘诀 3：鼓励孩子尝试新的事物和挑战自己

孩子的潜力是需要挑战和尝试的，我们需要鼓励孩子勇于尝试新的事物和挑战自己。举个例子，我的一个学生曾经很胆怯，害怕在公众场合发言。我鼓励他参加学校的演讲比赛，经过一段时间的训练和准备，他最终在比赛中发挥出色，获得了第一名的好成绩，同时也变得更加自信。

每个孩子都有自己的潜力，我们作为家长需要耐心地发现和培养孩子的潜力，让他们成为更好的自己。希望本篇文章能够帮助到你。"

请你帮我分析这篇文章。

> **回答：** 这篇文案从标题开始就能吸引读者的注意力，探讨了如何发现孩子的潜力，并提供了 3 个具体的秘诀。文章的语言简洁易懂，用具体的例子说明了各个秘诀的具体操作方法，使读者更容易理解和接受。文章的结构清晰，逻辑性强，层层递进，为读者提供了一个系统性的思路和方法。同时，文章也提供了成功的案例，让读者更能够相信这些秘诀的有效性和可操作性。总之，这篇文案内容充实，重点明确，结构清晰，适合家长阅读，可以帮助他们更好地发现和培养孩子的潜力。

6.2　ChatGPT在私域运营的应用

在当今的社交网络时代，私域流量已经成为企业和个人营销推广的重要手段之一。而在私域运营中，私聊和社群运营则是获取和维护客户的两大关键环节。

本节将重点探讨如何利用ChatGPT优化私聊和社群运营，提高客户转化率和社群黏性。具体而言，我们将讨论如何用ChatGPT设计私聊破冰话术，如何用ChatGPT搭建不同类型的私域社群。

6.2.1 用ChatGPT设计私聊话术

在私域运营中，私聊话术的设计至关重要。好的私聊话术可以帮助我们与客户建立联系，加深彼此之间的了解，从而提高客户的满意度和忠诚度；而糟糕的破冰话术可能会让客户反感或失去对我们信任，进而产生负面影响。

为了避免在私聊中产生负面影响，我们可以通过ChatGPT来模拟人类的对话方式，生成高质量的破冰话术，从而帮助个人和企业顺利地开展私域运营。

1. 个性化的破冰话术

在私域运营中，利用ChatGPT可以根据客户的个人信息和需求，量身定制专属的破冰话术。例如，可以根据客户的职业、兴趣爱好、购买历史等信息，为客户提供针对性的产品推荐或解决方案。

📑 案例：个性化的破冰话术

> 🔟 提问： 假如你是一个懂得如何与客户进行1对1沟通、精通客户关系的专家。我刚加了客户为微信好友，请你帮我写几段破冰文案。我们的业务是教他人使用我们的低代码平台QCC，通过网页前端模板和后端的简易数据库快速搭建一个网站。

> ⊚ 回答： 作为一名懂得如何与客户进行1对1沟通、精通客户关系的专家，我很乐意为您提供一些破冰文案，帮助您在第一次加对方微信好友时就与对方建立起良好的关系，让对方愿意了解并使用我们的低代码平台QCC。以下是几个破冰文案的例子。
>
> 　　1. 你好，我是来自QCC的××，很高兴认识您。看到您在社交媒体上发布的一些关于网站建设的帖子，我想和您分享一款

非常好用的低代码平台 QCC。通过我们的平台，您可以轻松快速地搭建一个网站，并且无需编写复杂的代码。如果您有兴趣了解更多信息，请让我知道。

2. 您好，我是来自 QCC 的××，很高兴加您为好友。我发现您在社交媒体上对于网站建设有着很多的疑问，我想告诉您，我们的低代码平台 QCC 可以帮助您解决这些问题。我们的平台提供了丰富的网页前端模板和简易的后端数据库，让您可以轻松搭建一个高质量的网站。如果您想了解更多信息，请随时和我联系。

3. 您好，我是来自 QCC 的××，很高兴和您建立起联系。我看到您在社交媒体上发布了一些关于网站建设的帖子，想告诉您，我们的低代码平台 QCC 可以帮助您快速搭建一个网站。通过我们的平台，您可以避免编写复杂的代码，而且可以通过我们的模板库快速创建一个符合您需求的网站。如果您有兴趣了解更多信息，请回复我。

希望以上几个破冰文案可以帮助您成功建立起与客户的联系，为他们介绍我们的低代码平台 QCC。如果您需要更多的帮助或有其他问题，随时与我联系。

如果你已经收集了客户的个人信息，那么也让 ChatGPT 根据他们的用户画像优化破冰文案，示例如下。

🔟 提问：　假如你是一个懂得如何与客户进行 1 对 1 沟通、精通客户关系的专家。我刚加了客户为微信好友，请你帮我写几段破冰文案。我们的业务是教他人使用我们的低代码平台 QCC，通过网页前端模板和后端的简易数据库快速搭建一个网站。

客户是做线下奶茶店的店主，希望用平台搭建属于自己的小程序。

◎ 回答：　作为一名懂得如何与客户进行 1 对 1 沟通、精通客户关系的专家，我很高兴能够帮助您写几段破冰文案，以帮助您成功建立与线下奶茶店店主的联系，让他们了解并使用我们的低代码平台 QCC。

1. 您好，我是QCC的代表，我们提供一款非常好用的低代码平台，可以帮助您快速搭建一个属于自己的小程序。通过我们的网页前端模板和后端的简易数据库，您可以轻松地创建一个高质量的小程序，并且无需编写复杂的代码。如果您有兴趣了解更多信息，请让我知道。

2. 您好，我是QCC的代表，看到您经营着一家线下奶茶店，我想和您分享我们的低代码平台QCC，可以帮助您快速搭建一个属于自己的小程序。我们的平台提供了丰富的网页前端模板和简易的后端数据库，让您可以轻松地打造一个符合您店铺特色的小程序，帮助您更好地吸引客户。如果您想了解更多信息，请回复我。

3. 您好，我是QCC的代表，很高兴认识您。我们的低代码平台QCC可以帮助您快速搭建一个属于自己的小程序，无需编写复杂的代码。通过我们的网页前端模板和简易的后端数据库，您可以轻松地创建一个个性化的小程序，帮助您更好地推广您的店铺。如果您有兴趣了解更多信息，请让我知道。

希望以上几个破冰文案可以帮助您成功地建立起与线下奶茶店店主的联系，为他介绍我们的低代码平台QCC，并帮助他快速搭建属于自己的小程序。如果您需要更多的帮助或有其他问题，随时与我联系。

在上述案例中，通过增加对客户的描述，ChatGPT增加了更多关于店铺推广、符合店铺特色的表述。可见，通过这个方法，我们可以根据不同的客户利用ChatGPT生成不同的话术文案。

2. 教育行业的破冰话术

在教育行业的私域运营中，通过向客户提供有价值的知识或信息，可以建立信任和专业的形象。例如，可以分享一些行业内的新闻和趋势，或者介绍产品的特点和优势。

目 案例：教育行业的破冰话术

> ⑩ **提问：** 假如你是一个懂得如何与客户进行1对1沟通、精通客户关系的

专家。我刚加了客户为微信好友，请你帮我写一段破冰文案，文案内容需要结合 AI 与教育行业的趋势，并包含详细的数据分析与案例。我们的业务是用 AI 软件、技术赋能教育行业的培训机构 CC 微课。

◎ 回答：你好，非常高兴能够加您为好友。我们是专注于将最新的 AI 技术与教育行业相结合，帮助培训机构提高教学效果，并提升学生的学习体验和成绩的机构。

据最新的数据分析显示，随着人工智能技术的发展，教育行业的转型已经成为大势所趋。AI 技术可以帮助学生在更短的时间内掌握更多的知识，同时还可以根据学生的学习情况进行精准的教学调整，提高学习效果和满意度。

我们的业务 CC 微课，就是基于最新的 AI 技术，开发出了一套全新的教学解决方案，能够为培训机构提供最优质的教学服务。我们的解决方案已经在多家培训机构得到了成功应用，并取得了显著的成果。

例如，在一家英语培训机构的应用中，我们的 AI 技术可以根据学生的学习情况，自动调整教学内容和难度，提高了学生的学习效果和学习乐趣，同时也减轻了教师的教学负担。

如果您对我们的业务感兴趣，欢迎随时与我联系。

在设计私聊破冰话术时，还需要注意以下几点。

• 注意客户的情感体验：尽可能让客户感受到亲切、友好和专业的态度，避免让客户产生不适或反感的情绪。

• 关注客户的需求和利益：破冰话术要紧扣客户的需求和利益，避免偏离主题或出现无意义的聊天。

• 引导客户的注意力：破冰话术需要具有引导作用，引导客户关注企业想要传递的信息或价值，从而为后续的推广和销售打下基础。

6.2.2　用ChatGPT搭建各类私域社群

除了掌握私聊破冰话术，私域社群的建设也是私域运营中至关重要的一环。私域社群能与客户建立更加紧密的联系，促进与客户的交流和互动，从而提高社群的黏性和客户的忠诚度。但如何设计一个符合自身需求和目标的社群，并且保持社群的活跃度和稳定性，对很多人来说是一大难题。

本小节将探讨如何运用ChatGPT搭建不同类型的私域社群，帮助你快速、有效地打造一个高质量的私域社群，提升企业或个人的品牌推广和销售增长效果。

1. 社群的框架

（1）社群基础设置。

• 社群名称：社群需要有一个简明扼要的名称，能够表达社群的主题和文化。

• Slogan（品牌口号）：社群需要一个简短的口号或标语，能够表达社群的特点和文化。

• 视觉设计：社群需要有一个独特的标识，例如Logo、UI、头像和裂变进群海报等，能够吸引用户并建立品牌形象。

• 群规：社群需要根据社群文化制定一些简单、易于管理的群规，以便维护社群良好的秩序和氛围。

• 社群接待SOP（Standard Operating Procedure，标准作业程序）：社群需要明确社群的进群话术、个人介绍格式、流程、服务时间等，以确保用户能够得到良好的体验和服务。

（2）社群载体。

社群需要根据社群人数、性别比例、互动需求等选择合适的载体，如微信群、小程序或其他社交平台等，以便满足用户需求和创造需求。

（3）人员配置。

• 核心运营团队：社群需要一个社群负责人和全职管理员，负责统筹管理和做出决策。

• KOL（Key Opinion Leader，关键意见领袖）团队：社群需要一支核心活跃成员的团队，负责策划活动和公域推广。

• 小助手团队：社群需要一支普通活跃成员的团队，协助日常基础工作，以便增加用户的信任感。

（4）社群内容输出。

社群需要根据定位来定期输出一些有用的内容，如行业资讯、经验分享、问题解答等；需要根据用户画像提供相应内容，如为学生用户提供一些关于校园探店、活动的信息。

2. 社群的类型

不同类型的私域社群有不同的特点和目的。

• 官方社群：由企业自己创建和运营的社群，主要用于宣传和推广企业的产品和服务，提高企业品牌形象和客户忠诚度。

• 爱好者社群：由兴趣爱好相同或相似的人自发组成的社群，主要用于交流和分享有关爱好的信息和经验，建立共同兴趣的社交网络。

• 行业社群：由同一行业或相关行业的人组成的社群，主要用于交流和分享行业内的信息和经验，建立行业交流和合作的平台。

• 训练营社群：由知识付费提供者搭建和运营的社群，主要用于学员的授课和管理。这种社群通常会提供专业的学习内容和指导，帮助学员学习新知识和提升技能。

3. ChatGPT 搭建社群演示

不同社群的目的、要求、运营方式都有所不同，需要根据实际场景与需求进行社群设计。下面就通过案例来讲解如何利用 ChatGPT 搭建私域社群。

📇 案例：爱好者社群

对于爱好者社群，首先搭建社群基本运营框架。

> 🔟 提问： 假如你是一个私域社群的运营专家，比如微信群、小红书群等。请你帮我设计一个社群框架，包含以下内容。

（1）社群名称：需要一个简明扼要的名称，能够表现出社群的主题和文化。

（2）Slogan（品牌口号）：需要一个简短的口号或标语，能够体现社群的特点。

（3）视觉设计：需要一个独特的标识，如Logo、UI、头像和裂变进群海报等，能够吸引用户并建立品牌形象。

（4）群规：需要根据社群文化制定一些简单易于管理的群规，以便维护社群良好的秩序和氛围。

（5）社群接待SOP：需要明确社群的进群话术、个人介绍格式、流程、服务时间等，以确保用户能够得到良好的体验和服务。

该社群的主题：爱好者社群，主要用于交流ChatGPT、AI绘画工具Midjourney等AI产品在不同领域的应用场景，以及个人、企业在这方面的商业模式。

回答： （1）社群名称：AI应用爱好者社群。

（2）Slogan（品牌口号）：探索AI应用场景，共享商业智慧。

（3）视觉设计：一个简洁、现代的Logo，结合AI元素和爱好者社群的特点，例如，一个由代码组成的人脑图标，或者一个类似于AI神经网络的图标。同时，可以设计一个UI风格，结合现代、简约、高科技的元素。

（4）群规：根据社群文化，可以制定一些群规，例如以下几项。

- 尊重他人，不发表不恰当言论，不侵犯他人隐私；
- 不得发布虚假信息或广告；
- 不得恶意刷屏或打扰他人；
- 欢迎分享个人经验、思考和想法；
- 禁止出现恶意攻击、辱骂等不良行为。

（5）社群接待SOP。

- 进群话术：欢迎加入AI应用爱好者社群，我们致力于探索AI在不同领域的应用场景，共享商业智慧。请问您在AI应用方面有哪些经验或兴趣呢？

　　• 个人介绍格式：可以要求新成员介绍自己的职业、所在行业、对 AI 应用的了解和兴趣等方面的信息。

　　• 流程：在新成员进入群聊后，管理员或志愿者可以在群内简单介绍社群文化、群规、群聊主题等，并为新成员提供必要的帮助和引导。

　　• 服务时间：社群应当保证有人在群内提供服务和回答问题，并设立一定的服务时间，例如，每天下午两小时，以确保用户能够得到良好的体验和服务。

其次，在搭建好社群框架后，需要进行人员配置。

🗨 **提问：** 假如你是一个私域社群的运营专家，比如微信群、小红书群等。请你帮我设计一个社群的工作人员配置情况并给出具体人数和职责，配置内容包含以下几点。

　　（1）核心运营团队：需要一个社群负责人和全职管理员，负责统筹管理和做出决策。

　　（2）KOL 团队：需要一支核心活跃成员的团队，负责策划活动和公域推广。

　　（3）小助手团队：需要一支普通活跃成员的团队，协助日常基础工作，以便增加用户的信任感。

　　该社群的主题：爱好者社群，主要用于交流 ChatGPT、AI 绘画工具 Midjourney 等 AI 产品在不同领域的应用场景，以及个人、企业在这方面的商业模式。社群大概 100 人，是一个付费社群，需要及时回复学员信息。

◎ **回答：** 针对这个社群的工作人员，我建议配置以下几个团队。

　　1. 核心运营团队（2 人）：社群负责人和全职管理员。社群负责人需要拥有丰富的社群运营经验和管理能力，能够制定社群运营策略，规划社群发展方向。全职管理员需要具备良好的沟通能力和高效的执行力，负责社群日常管理和运营事务。

2. KOL 团队（3 人）：核心活跃成员团队，负责策划活动和公域推广。KOL 团队需要有较高的影响力和号召力，能够吸引更多的潜在用户加入社群。他们需要具备优秀的写作、演讲和推广能力，能够制订和执行有吸引力的活动和内容。

3. 小助手团队（5 人）：普通活跃成员团队，协助日常基础工作，以便增加用户的信任感。小助手团队需要具备良好的服务态度和沟通能力，能够及时回复学员信息，解答问题，增强用户的满意度和忠诚度。

以上人员配置仅供参考，具体的人员配置和职责分配需要根据实际情况进行调整。同时，为了保证社群的质量和稳定性，需要定期进行团队建设和培训，不断提高工作效率和运营能力。

案例：训练营社群

同爱好者社群一样，首先要搭建社群框架。

> 提问：假如你是一个私域社群的运营专家，比如微信群、小红书群等。请你帮我设计一个社群框架，包含以下内容。
>
> （1）社群名称：需要一个简明扼要的名称，能够表现出社群的主题和文化。
>
> （2）Slogan（品牌口号）：需要一个简短的口号或标语，能够体现社群的特点。
>
> （3）视觉设计：需要一个独特的标识，例如 Logo、UI、头像和裂变进群海报等，能够吸引用户并建立品牌形象。
>
> （4）群规：需要根据社群文化制定一些简单易于管理的群规，以便维护良好的秩序和氛围。
>
> （5）社群接待 SOP：需要明确社群的进群话术、个人介绍格式、流程、服务时间等，以确保用户能够得到良好的体验和服务。
>
> 该社群的主题：训练营社群，主要用于教授学员 AI 工具的使用，比如用 ChatGPT 进行文案编辑、文案优化等，用 AI 绘画工具进行海报设计等，训练营为期 1 个月，通过直播授课，社群主要用于学员交流、收集作业和答疑。

⚲ **回答：** 很高兴能够为您设计一个训练营社群框架。以下是我的建议。

（1）社群名称：AI工具训练营

（2）Slogan（品牌口号）：AI工具，让你的工作更高效！

（3）视觉设计：社群标识可以使用一个具有现代感的简单Logo，例如，一个抽象的AI符号。在UI方面，可以选择简单明了、清晰易读的字体和颜色，以便学员可以轻松地浏览和交流。对于群头像和裂变进群海报，可以使用与标识相同的颜色和风格，以建立品牌形象。

（4）群规：为了确保社群良好的秩序和氛围，可以制定以下群规。

①尊重他人，不要发表攻击性或歧视性言论。

②不要在群内发布与主题无关的内容。

③尊重其他学员的隐私，不要将他们的信息分享给其他人。

④请勿发表广告、招聘等与主题无关的内容。

（5）社群接待SOP：为了确保学员能够得到良好的服务和体验，可以制定以下社群接待SOP。

①进群话术：当学员加入社群时，管理员可以通过私聊欢迎他们并介绍社群的主题、规则和服务。

②个人介绍格式：为了让学员更好地相互认识，可以要求他们在加入社群时填写个人介绍，并在社群内分享。

③流程：社群主要用于学员交流、收集作业和答疑，管理员可以设立相应的通道和规则，确保学员的问题得到及时回答。

④服务时间：管理员应该在规定的时间内提供服务，以便学员在需要时得到帮助。

希望以上设计能够为您的训练营社群提供一些帮助，祝您的社群运营顺利！

其次，在搭建好社群框架后，同样需要进行人员配置。

⚲ **提问：** 假如你是一个私域社群的运营专家，比如微信群、小红书群等。请你帮我设计一个社群的工作人员配置情况并给出具体人数和职责，配置内容包含以下几点。

（1）核心运营团队：需要一个社群负责人和全职管理员，负责统筹管理和做出决策。

（2）KOL团队：需要一支核心活跃成员的团队，负责策划活动和公域推广。

（3）小助手团队：需要一支普通活跃成员的团队，协助日常基础工作，以便增加用户的信任感。

该社群的主题：训练营社群，主要用于教授学员AI工具的使用，比如用ChatGPT进行文案编辑、文案优化等，用AI绘画工具进行海报设计等，训练营为期1个月，通过直播授课，社群主要用于学员交流、收集作业和答疑。

🗨 回答：根据您提供的信息，以下是我为训练营社群设计的工作人员配置及其职责。

1. 核心运营团队

（1）社群负责人（1人）：负责制定社群整体战略和计划、管理社群运营、监控社群数据，并制定优化措施、协调各个团队之间的协作，确保社群稳定发展。

（2）全职管理员（1~2人）：负责日常社群管理、维护社群秩序、审核内容和成员资格、回答常见问题和提供技术支持、处理纠纷等。

2. KOL团队

（1）KOL团队负责人（1人）：负责招募、培训和管理KOL团队，与社群负责人共同组织社群活动和公域推广计划、监控社群互动情况和用户反馈并提出改进方案、协调各个KOL之间的协作，确保社群活跃度和用户体验。

（2）核心KOL（3~5人）：负责策划和执行社群活动、发表高质量的原创内容和话题、与其他KOL一起协作推动社群发展，吸引和留住用户。

（3）KOL助手（2~3人）：负责支持KOL团队的日常工作、

参与活动的策划和执行、提供数据分析和用户反馈，并在需要时与其他团队合作。

3. 小助手团队

（1）小助手团队负责人（1人）：负责招募、培训和管理小助手团队，与社群负责人共同制订日常管理和活动策划计划、处理用户提出的问题和疑问、提供社群数据分析和反馈、与其他团队协作。

（2）普通小助手（3~5人）：负责协助社群管理、收集和整理用户反馈和疑问、提供技术支持和解决问题、与其他团队协作等。

具体的人数和团队结构可以根据实际情况和需求进行适当调整。

利用ChatGPT设计私聊和社群运营可以帮助企业更加高效地开展私域运营，提高客户转化率和社群黏性。同时，在运营过程中需要不断地优化和调整策略，不断适应市场和客户需求的变化，才能保持竞争力和持续发展。

## 第 7 章

用 ChatGPT 成为广告营销专家

在如今竞争激烈的市场环境中，广告营销已经成为企业推广品牌、促进销售的重要手段。但是，许多广告人士面临一个共同的难题：如何让广告营销变得精准有效。

本章将介绍如何利用ChatGPT来提高广告营销的效率和质量，从而帮你成为一位真正的营销高手。无论你是想要创作出令人难忘的Slogan、品牌名称还是产品名称，ChatGPT都将为你提供有力的支持和帮助。让我们一起开启广告营销的新篇章吧！

7.1 ChatGPT如何赋能广告营销

在互联网时代，广告营销也面临着市场竞争激烈、受众需求多样化、广告失效率高等挑战。为了更好地应对这些挑战，越来越多的企业开始采用ChatGPT这种先进的人工智能技术，来赋能广告营销。

7.1.1 广告营销面临的挑战

广告营销是企业推广产品和服务、提高品牌知名度的重要手段之一。因此，许多企业都非常注重广告营销，但这个领域面临着诸多挑战。

（1）市场竞争激烈：随着经济的发展，市场竞争越来越激烈，同一行业中企业之间的竞争也越来越激烈。在这种情况下，企业需要通过差异化的广告营销来吸引消费者的眼球，以提高品牌的知名度和美誉度。

（2）受众需求多样化：消费者需求的多样化也给广告营销带来了挑战。广告需要根据不同的受众需求和消费习惯进行精细化投放，以达到最好的营销效果。

（3）广告失效率高：一些广告投放后，由于广告创意或投放渠道不合适，导致广告失效率高，无法达到预期效果。

（4）灵感收集难度大：要创作出有创意的广告文案需要丰富的知识和创造力，但对于广告从业者来说，灵感来之不易，除了需要对消费者的需求和市场动态有敏锐的洞察力，更需要有一个良好的灵感激发机制。

7.1.2 ChatGPT赋能广告营销场景

ChatGPT能够帮助企业解决广告营销面临的问题。具体方式如下。

（1）提供创意性的广告营销灵感：短时间内根据需求批量生成具有创意性和个性化的广告营销文案和素材，如品牌名、Slogan、产品介绍文案等，帮助企业在广告营销中提高创意度和营销效果。

（2）优化广告语言：ChatGPT可以帮助企业优化广告语言，让广告更加朗朗上口、生动有趣，提高消费者的关注度和认知度，增加广告的传播效果。

（3）根据不同受众编写个性化的广告文案：ChatGPT可以根据不同受众的需求和消费习惯，编写个性化的广告文案，提高广告的精准性。

通过利用ChatGPT的优势，广告从业者能更迅速地完成工作，而企业也可以更加高效地进行广告营销，提高品牌曝光度和市场竞争力。

7.2 ChatGPT实现广告营销策划

随着ChatGPT的出现，广告营销策划变得更加高效和精准。通过

ChatGPT，企业可以轻松地生成具有创意性和个性化的品牌名、Slogan、产品介绍文案、海报文案等广告素材，从而实现更优质的广告营销策划，本节将通过 4 个部分来介绍如何通过 ChatGPT 实现广告营销策划。

7.2.1　帮你想出独特的品牌名

在广告营销中，品牌名是企业形象的核心，能够传递企业的理念、文化和价值观，对于企业品牌的塑造至关重要。然而，想要得到一个独特的品牌名并不容易，需要考虑到许多因素，如品牌的定位、受众群体、市场趋势等。

ChatGPT 可以通过分析海量的文本数据和语言规律，生成大量的品牌名，同时还可以根据企业的需求和定位，筛选出符合要求的品牌名，并在这些名字的基础上进行进一步的创意开发和完善。ChatGPT 的语言生成能力可以使品牌名更具创意性和差异性，从而提高品牌的吸引力和竞争力。以下是利用 ChatGPT 生成品牌名的示例。

> 🔟 提问：　我的产品是一个面膜，请你帮我想几个品牌名。

> ⑥ 回答：　1. 莹润肌
> 　　　　　2. 美妍面膜
> 　　　　　3. 柔嫩肌
> 　　　　　4. 雪肌精
> 　　　　　5. 玻尿酸面膜
> 　　　　　6. 粉嫩肌肤
> 　　　　　7. 嫩白肌肤
> 　　　　　8. 水润面膜
> 　　　　　9. 零瑕面膜
> 　　　　　10. 美白面膜

很明显，如果我们直接提问它，它只会给出平庸的品牌名，而没有深入介绍品牌的内涵和特点。因此，为了让它更好地了解我们的需求，我们需要与它进行更多的交流，并提供更多关于我们的需求信息。这样才能得到更加准确、全面的品牌推荐。

案例：利用 ChatGPT 生成面膜品牌名

> **提问：** 品牌名称需要考虑什么？

> **回答：** 品牌名称是一个企业的重要标志，它能够传达企业的核心价值观、文化和定位，是企业形象和市场竞争力的重要组成部分。以下是在命名品牌时需要考虑的几个方面。
>
> 　　1. 目标受众：品牌名称应该能够吸引和代表目标受众，让他们感到亲切和温暖。如果品牌面向年轻人，则名称应该更加时尚、活泼和有趣。
>
> 　　2. 可读性和易记性：品牌名称应该容易被人们读懂和记住。它不应该过于复杂、难拼写或不好发音。
>
> 　　3. 可搜索性：在今天的数字化时代，人们通常通过搜索引擎寻找信息。因此，品牌名称应该容易被搜索引擎检索和排名。
>
> 　　4. 独特性和可识别性：品牌名称应该独特并能够和其他品牌区分开来。它应该让人们在看到名称时能够立即联想到品牌，与品牌形象和产品相关联。
>
> 　　5. 法律和文化因素：品牌名称应该符合当地法律法规和文化习惯。在命名时应该避免使用可能引起争议或不适当的名称。
>
> 　　6. 品牌定位：品牌名称应该与品牌定位和目标市场一致，反映品牌的核心价值观、优势和特点。
>
> 　　7. 可扩展性：品牌名称应该是可扩展的，能够适应未来业务拓展和产品线扩展的需要。
>
> 　　总之，品牌名称是企业形象和市场竞争力的重要组成部分，需要综合考虑多种因素来确定一个恰当、独特、易记并符合法律和文化规定的品牌名称。

> **提问：** 现在让你充当化妆品广告营销专家，帮一款面膜想一个品牌名，该产品的目标受众是 30～50 岁、购买力强的精英女性，品牌定

> 位是高端奢侈品，品牌名称需要独特、易记，有可扩展性。

🔄 **回答：** 针对该产品的目标受众、品牌定位和需求，我提出以下几个品牌名称。

　　1. Elysian Glow: 该名称将"Elysian"与"Glow"结合起来，表达了高端、奢华、优雅和美丽的含义。Elysian是古希腊神话中的天堂之地，与高端奢侈品的品牌定位相符；Glow意味着光彩、明亮和健康的皮肤，也能够吸引目标受众。此外，该名称易于发音和记忆，并具有可扩展性。

　　2. Lumiere Skin: 该名称使用了法语单词"Lumiere"，意为"光"或"光辉"，强调了皮肤透亮的效果。这个名称容易发音、易于记忆，并与高端奢侈品的品牌定位相符。此外，"Lumiere"还可以用作品牌的概念符号和形象。

　　3. Serene Beauty: 该名称使用了"Serene"这个词，表达了平静、宁静和美丽的含义，与目标受众的精英身份和品牌定位相符。同时，该名称易于发音和记忆，并且具有可扩展性，可以用于品牌的其他产品线。

　　4. Radiant Veil: 该名称使用了"Radiant"这个词，意为"光芒四射的、明亮的"，表达了皮肤明亮、健康和美丽。同时，"Veil"表示面纱、面罩或面膜，与产品的性质相符。该名称易于发音和记忆，并与高端奢侈品的品牌定位相符。

　　以上品牌名称都符合该产品的目标受众、品牌定位和需求，并且都具有独特性、易记性和可扩展性。最终的选择应该由客户根据自己的偏好和需求来决定。

　　从以上案例可以发现，在对品牌取名缺乏灵感时，ChatGPT可以帮助我们快速生成具有创意的品牌名，既提高了工作效率，又提高了品牌竞争力。

7.2.2　帮你想出朗朗上口的Slogan

　　在广告营销中，Slogan是一个品牌或产品的标语口号，能够在短时间内传达品牌或产品的核心理念、特点和优势，强化品牌形象和吸引消费者的注意力。一个好的Slogan应该朗朗上口、易于记忆、表达清晰、有吸引力，并与品牌或产品的特点相匹配。

ChatGPT可以帮助企业快速生成大量的Slogan，并根据企业的需求和品牌形象筛选出最合适的口号，提高广告的传播效果。

📝 案例：利用 ChatGPT 生成 Slogan

🔟 提问：　我需要一个能够表达品牌的创新性、时尚性和高端性的Slogan，请你给我想一个。

◎ 回答：　根据你的需求，以下是一些能够表达品牌的创新性、时尚性和高端性的Slogan。

1. 领先创新，创造未来。
2. 时尚引领，创新突破。
3. 科技驱动，时尚先锋。
4. 品质卓越，创新永恒。
5. 独具创意，引领时尚。
6. 时尚创新，无与伦比。
7. 高端制造，时尚领袖。
8. 创新引领，时尚王者。
9. 一刻不停，创新无限。
10. 立足未来，领先时尚。

这些Slogan能够有效地传达品牌的创新性、时尚性和高端性，同时也朗朗上口、易于记忆。企业可以根据自己的需求和定位来选择最适合的Slogan，并将其用于品牌推广和营销活动中。

然而，上述提示词中没有涉及品牌、产品、目标群体等关键信息，因此ChatGPT生成的回答显得非常空泛。下面我们对提示词提供足够的信息和上下文，以便ChatGPT能够理解我们的意图，并给出更有用的回答。

提问： 现在让你充当汽车广告营销专家，帮一款电动汽车"逸动"想一个 Slogan，该产品的目标受众是 30 ~ 50 岁、有家室、购买力强的男性，品牌定位是中高端电动汽车，Slogan 需要简洁易记、独特、有创意。

回答： 好的，基于所提供的信息，以下是几个可能的 Slogan 选项。

1."逸动生活，电动出行"：这个 Slogan 简洁易记，传达了品牌的核心理念，即逸动电动汽车让生活更加便捷，同时强调了逸动电动汽车的出行功能，适合家庭使用。

2."新时代，新动力，逸动出行"：这个 Slogan 强调逸动的创新性和现代感，同时有力地宣传了电动汽车的特点，说明通过逸动电动汽车可能拥有更好的出行体验。

3."逸动，开启您的新世界"：这个 Slogan 强调了逸动电动汽车的独特性和高端感，通过电动汽车开启一种新的出行方式和生活方式，引导消费者进入一个全新的世界。

4."逸动电动，智造未来"：这个 Slogan 将智能科技和电动汽车相结合，传达了逸动电动汽车在未来发展的方向，同时强调了品牌的科技含量和高端属性。

这些 Slogan 都简洁易记、独特、有创意，同时也强调了逸动电动汽车的特点和品牌属性，能够有效地吸引目标受众的注意力。最终选用哪个 Slogan 还需要根据品牌和营销策略的实际情况进行决策。

综上，利用 ChatGPT 可以帮助企业快速生成 Slogan，塑造企业品牌形象，提高市场竞争力。

7.2.3 帮你编写个性化的产品广告文案

现今，广告形式不限于传统电视广告，短视频广告也成为市场上不可或缺的一部分。然而，现在市场竞争激烈，且选题大量重复，因此广告营销人员除了要了解市场，还需要熟悉各个短视频平台的特点，以制作出更具吸引力和个性化的广告。

面对激烈的竞争，广告营销人员可以利用ChatGPT来提高撰写广告文案的效率。只需要输入广告需求，ChatGPT即可在短时间内提供多个广告文案，从而提高广告营销人员的工作效率。之后，根据实际业务场景进行人工微调即可。

下面就从短视频广告文案和传统电视广告文案两个方面分别进行介绍。

案例：短视频广告文案

> **提问：** 现在让你充当一个广告营销专家，为一款旅游服务的App编写一篇广告文案，它的目标受众是年轻人，他们喜欢旅行，热爱自由、多样化的旅行方式，希望寻找到更加个性化、全面的旅游服务。

> **回答：** 在这个快节奏的时代，你是否曾有过这样的想法：想要放下繁忙的工作和生活，去探索未知的世界，享受自由、多样化的旅行方式？如果是的话，我们的旅游服务App将是你最好的选择！
>
> 我们的App专为年轻人设计，致力于为你们提供最全面、个性化的旅游服务。
>
> 我们的旅游服务App提供了丰富多彩的旅游项目和服务，包括航班预订、当地美食推荐、交通路线规划、导游服务等。我们还为你提供了定制化行程服务，让你的旅行更加符合你的个性化需求。
>
> 我们的旅游服务App具有易用性和交互性，可以让你随时随地轻松地查找、预订和规划旅游行程。我们还提供了丰富的旅游攻略和优惠活动，让你的旅行更加省钱、省时、省心！
>
> 此外，我们的旅游服务App还有一个特别的功能——社交互动。你可以和来自世界各地的旅行者交流，分享旅行经验和感受，让旅行变得更加有趣和有意义！
>
> 如果你正在寻找一款能够满足你个性化需求的旅游服务App，那么请下载我们的App，并加入我们的旅游社区！让我们一起开启一段充满激情和创意的畅游之旅吧！

案例：传统电视广告文案

> **提问：** 现在让你充当一个广告营销专家，为一款新出的电动汽车"逸动"编写一篇传统电视广告文案，它的目标受众是 30～50 岁、有家室、购买力强的男性，品牌定位是中高端电动汽车。

回答：【画面】

广告打开，一个中年男人戴着墨镜开着一辆黑色逸动电动汽车，身后是繁华的城市景象。镜头逐渐拉近，展现出逸动独特的设计和造型。汽车驶过鳞次栉比的高楼大厦、绿树成荫的道路和风景如画的海滩。

【旁白】

在这个快节奏的时代，你的生活需要更多的便捷和舒适。逸动电动汽车，带给您不一样的出行体验。外观时尚、高性能、环保节能是逸动的代名词。它不仅能满足您的出行需求，而且能展现出您的品位与品质。

【画面】

汽车停下，男人从车里出来，拿出遥控器关闭车门，同时车灯闪烁。男人走到一旁的长椅上坐下来，拿出手机和妻子通话。突然，一只小鸟停在了男人手臂上。

【旁白】

逸动的超长续航里程和智能充电系统，让您不再为出行的里程和充电担忧。只需简单的操作，逸动就能轻松满足您的需求。

【画面】

男人带着妻子一起出门，逸动电动汽车停在路边。男人开车送妻子去公司，逸动电动汽车发出低噪音，穿过交通拥堵的路段。逸动电动汽车驶进一家大型商场的停车场，男人在车里等待，逸动电动汽车自动驻车，不用担心停车难的问题。

【旁白】

逸动的智能驾驶辅助系统和安全气囊系统，有效保护乘客的安全，让您出行更加安心、舒适。

【画面】

广告结束，逸动电动汽车停在海边，周围是迷人的海景和美丽的夕阳。男人和妻子坐在车里，看着海浪拍打着沙滩，享受着美好的时光。

【旁白】

逸动，成就您的品质生活。

如果你觉得广告文案还是略显平庸，还可以增加其他需求。

提问：现在让你充当一个广告营销专家，为一款新出的逸动电动汽车编写一篇传统电视广告文案，该产品的目标受众是 30～50 岁、有家室、购买力强的男性，品牌定位是中高端电动汽车。文案内容增加一些符合该车子的名言名句，彰显格调。

回答：【画面】

广告打开，一位英俊的男性穿着西装，在逸动电动汽车旁边拿着钥匙，微笑着面对着镜头。周围是摩天大楼，逸动的黑色车身在阳光下闪闪发光。

【旁白】

"路漫漫其修远兮，吾将上下而求索。"有人说，人生就像一场旅程，逸动就是您成功的座驾，让您在人生的路途中稳稳当当前行。

【画面】

逸动驶入一条林荫道，慢慢穿过树荫，景色宜人。伴随着舒缓的音乐，逸动的车窗缓缓打开。

【旁白】

逸动让您在行车的过程中更能感受到生命的美好。开车出行不再单调，而是一种享受。

【画面】

逸动驶入一个大型的购物中心，停车场车辆很多。逸动通过智能泊车技术轻松停入空隙，一侧车门打开，妻子带着孩子迎了上来。

【旁白】

"细节决定成败，专业铸就品质。"逸动采用高端智能技术，不仅方便您的出行，而且能为您创造全新的体验，让您感受到高品质生活的滋味。

【画面】

逸动驶出市区，进入郊外的山路，弯曲的道路让人心旷神怡，车内的氛围温馨舒适。男人驾车，里面坐着妻子和孩子，逸动的空调系统调节出宜人的温度和湿度，让人感到身心舒畅。

【旁白】

逸动是您成功人生的见证，它不仅代表了您的品位和品质，也是您在追求梦想的道路上的得力助手。

【画面】

逸动驶进海边停车场，男人和妻子走下车，孩子跟在身边，欣赏美丽的海景。逸动安静地停在一旁，发出低沉的嗡嗡声，似乎在诉说着它所见所听的美好事物。

【旁白】

"世界很大，而我想去看看。"逸动不仅是一款出色的电动汽车，也是您开启美好人生的钥匙。让我们一起出发，看看这个美丽而神奇的世界。

【画面】

广告结束，男人带着孩子牵着妻子的手走向海边，逸动静静地守护在一旁，透过车窗可以看到海浪拍打沙滩的壮丽景象，逸动的车灯照亮了整个海岸线。

【旁白】

"不是每一次出行都要有一个目的地，有时候，出发本身就是一种奇妙的旅程。"开启您的精彩人生，从逸动开始。

可以看出，当广告文案加入名言名句后，格调得到了提升，并且更符合目标用户的需求。

7.2.4　设计各种海报的内容文案

对于海报的设计，除了外观，文案同样非常重要。一个好的海报文案能够引起人们的兴趣，激发他们的购买欲望，从而达到宣传的效果。而 ChatGPT 可以帮助广告人员快速设计出优秀的海报文案，同时也可以给出配色方案。

在使用 ChatGPT 设计海报文案时，我们需要提供以下信息：海报的目的、海报的主题、海报的受众、海报的设计元素等。ChatGPT 将根据这些信息生成多个文案，我们可以选择其中最符合需求的一个，或者结合多个文案进行修改，最终得到一个完美的海报文案。

📄 **案例：无人机课程的海报文案**

💬 **提问：** 现在让你充当一个广告营销专家，根据 10～16 岁孩子的无人机课程写一份海报文案。目标受众是 35～50 岁的家长。

⑤ **回答：** 作为一名广告营销专家，我根据 10～16 岁孩子的无人机课程为您设计了一份吸引人的海报，面向 35～50 岁的家长。

标题：

让孩子的未来起飞，无人机课程带来更多可能！

文案：

您是否想要让孩子掌握先进的技能和知识？无人机课程将是一个极好的选择！我们的课程由经验丰富的教练团队带领，为10～16 岁的孩子提供高品质的学习体验。

孩子们将学习如何驾驶无人机，探索航空科技，并通过有趣的挑战和任务提高自己的技能水平。无人机课程不仅能够培养孩子的创造力和解决问题的能力，还能让他们感受到科技带来的乐趣。

赶快为您的孩子预订课程吧！我们相信，这不仅是让孩子们掌握先进技能和知识的一步，也是他们未来职业发展的良好开端。

从实际结果来看，我们发现这里 ChatGPT 生成的文本稍显平淡，和平常广告形式较强的海报文案不太一样。

因此，为了让 ChatGPT 更好地理解我们的需求，我们需要向它提供更加详细的需求信息。比如，我们可以告诉它海报的内容、文案风格等信息，以便它能够生成更加符合我们要求的文本内容。

> 💬 **提问：** 现在让你充当一个广告营销专家，根据 10～16 岁孩子的无人机课程写一份海报文案，海报内容包含详细的课程名称、课程介绍、授课老师介绍、课程目的、上课时间、课程价格等。它的目标受众是 35～50 岁的家长。

> ⑤ **回答：** 课程名称：无人机天空之旅——10～16 岁孩子的无人机课程
>
> 课程介绍：
>
> 无人机天空之旅是为 10～16 岁孩子量身定制的无人机课程，通过亲手操作无人机，让孩子们掌握现代科技的精髓。本课程将结合理论与实践，引导孩子们探索航空科技、编程设计和无人机应用等领域，为未来无人机行业的发展奠定基础。
>
> 授课老师介绍：
>
> 张老师，资深无人机专家，拥有 10 年以上无人机教学经验，曾在国内外多家航空公司担任技术顾问。对于孩子们的教育充满热情，致力于为每位学员提供个性化的教学体验。
>
> 课程目的：
>
> 激发孩子们对航空科技的兴趣，培养创新精神和实践能力
>
> 学习无人机操作基本技巧，掌握安全飞行原则
>
> 理解无人机编程设计原理，提高逻辑思维能力
>
> 了解无人机在各个领域的应用，为未来职业发展打下基础
>
> 上课时间：
>
> 每周六上午 9:00—11:00，共 12 周，全程 24 课时。
>
> 课程价格：
>
> 原价 ￥4800，现限时优惠价 ￥4200
>
> 亲爱的家长们，让我们携手助力孩子们开启无人机天空之旅，

让他们在科技的翅膀上翱翔，为未来创新科技事业添砖加瓦！

扫描下方二维码或拨打电话：+×××-×××-××××-

×××× 报名，名额有限，先到先得！

7.3　ChatGPT营销策划实战

为了实现营销目标，我们需要采取一系列营销策略。这些策略包括线上广告方案和线下广告方案，分别适用于不同的场景和目标受众。在本节中，我们将讨论这些方案的具体内容和实施方式。

7.3.1　线上广告营销方案

线上广告是营销中最普遍的形式之一，它可以通过多种渠道（如社交媒体、搜索引擎、电子邮件等）传递营销信息。以下是几种常见的线上广告方案：社交媒体广告、搜索引擎广告、电子邮件营销和KOL（关键意见领袖）合作方案。

以前，完成这些广告营销方案需要花费非常多的精力，不仅需要考虑广告的成本，还需要绞尽脑汁想广告方案。现在，可以通过ChatGPT来生成广告营销方案，提高工作效率。

1. 社交媒体广告

社交媒体是广告主要的投放平台，如微博、抖音、小红书等。在撰写社交媒体广告方案时，需要按照自身需求提供以下几个方面的信息给ChatGPT。

（1）受众定位：根据受众的年龄、性别、地理位置、兴趣爱好等因素，对不同受众定制不同的广告投放计划。

（2）广告目的：希望广告达到什么效果，如提高销售量、知名度、粉丝数等。

（3）广告创意：需要制作具有吸引力、清晰明了、直观的广告图像和视频，同时配以生动、简短、有力的广告文案。

（4）投放时机：需要根据受众的在线时间和消费行为等因素，确定最佳的投放时机。

（5）监测与优化：需要不断监测广告效果，优化广告素材、投放时间和投放方式，以提高广告投放的效率和收益。

案例：用 ChatGPT 生成社交媒体广告营销方案

提问： 现在让你充当一个广告营销专家，根据新出的面膜"莹润肌"写一份社交媒体广告方案。方案包含广告文案、投放时机；广告受众定位是 20～30 岁的女性，喜欢国潮、追求性价比；广告目的是提高产品的知名度。

回答： **一、广告文案**

【莹润肌】新品面膜诚意上市！

亲爱的姑娘们，这次我们为你带来的是一款国潮风、性价比超高的面膜——莹润肌！让你的肌肤水润、嫩滑、焕发光彩，一片即可解决多重肌肤问题。

- 国潮风设计，展现你的独特品位
- 天然植物成分，安全有效滋养肌肤
- 深层补水锁水，打造水润透亮肌肤
- 肌肤保湿抗皱，焕发青春光彩

不容错过！赶快加入购物车，让你的肌肤重焕新生吧！

二、投放时机

投放周期：一个月。

重点时段：

1. 每周五 19:00—22:00，抓住闲暇时间的用户。

2. 每周日 14:00—17:00，利用周末休闲时光进行推广。

三、广告受众定位

1. 年龄层：20～30 岁的年轻女性，关注肌肤护理和美容产品。

2. 兴趣爱好: 喜欢国潮风格、关注流行潮流, 追求性价比。

3. 地理位置: 覆盖全国各大城市, 重点投放一线城市和二线城市。

四、广告目的

1. 提高产品知名度: 通过社交媒体广告投放, 增加莹润肌面膜在目标人群中的曝光度, 扩大品牌影响力。

2. 拓展目标客户群: 通过精准定位, 吸引更多潜在客户关注和购买莹润肌面膜。

3. 提高销售业绩: 通过吸引更多目标用户, 提高产品的销售业绩。

五、广告投放平台

1. 微信朋友圈广告: 针对性价比追求者的微信朋友圈进行广告投放, 利用短视频和图片形式进行展示。

2. 抖音短视频平台: 与网红、抖音达人合作, 发布莹润肌面膜使用体验视频, 传播产品口碑。

3. 微博推广: 发起话题挑战, 邀请用户晒出使用莹润肌面膜前后的肌肤对比照片, 以增加话题热度和产品曝光。

4. 知乎广告: 在知乎平台投放莹润肌面膜的广告, 针对关注护肤话题的用户进行推广。

通过以上策略, 我们将有效提高莹润肌面膜在目标受众中的知名度, 扩大品牌影响力, 实现广告目的。

2. 搜索引擎广告

搜索引擎广告是一种通过在搜索引擎结果页面上展示广告来进行宣传的方式。这种广告形式基于关键词投放, 即根据用户在搜索引擎上输入的关键词为广告主推荐相关的广告。在利用 ChatGPT 生成广告方案时, 需要提供以下信息。

（1）关键词定位: 需要根据用户搜索的关键词, 定位合适的广告关键词, 以提高广告曝光率和转化率。

（2）广告创意: 需要制作具有吸引力、清晰明了、直观的广告文案和图像，以增加广告的点击率和转化率。

（3）投放时机：需要根据用户的搜索习惯和购买行为，确定最佳的投放时机和频率。

（4）监测与优化：需要不断监测广告效果，优化广告素材、关键词和投放时间，以提高广告投放的效率和收益。

案例：用 ChatGPT 生成搜索引擎广告营销方案

> **提问：** 现在让你充当一个广告营销专家，根据新出的面膜"莹润肌"写一份搜索引擎广告方案。方案包含用户搜索的关键词、广告文案、投放时机；广告受众定位是 20～30 岁的女性，喜欢国潮、追求性价比；广告目的是提高产品的知名度。

回答： **一、用户搜索关键词**

莹润肌面膜

国潮面膜

高性价比面膜

补水面膜

护肤品推荐

20～30 岁女性护肤品

二、广告文案

【新品上市】莹润肌国潮面膜，性价比超高！一片就能解决多重肌肤问题，赋予肌肤水润光彩。立即购买，焕发你的青春美丽！

三、投放时机

投放周期：一个月。

重点时段：

1. 每周五 19:00—22:00，抓住闲暇时间的用户。

2. 每周日 14:00—17:00，利用周末休闲时光进行推广。

四、广告受众定位

1. 年龄层：20～30 岁的年轻女性，关注肌肤护理和美容产品。

2. 兴趣爱好: 喜欢国潮风格、关注流行潮流, 追求性价比。

3. 地理位置: 覆盖全国各大城市, 重点投放一线城市和二线城市。

五、广告目的

1. 提高产品知名度: 通过搜索引擎广告投放, 增加莹润肌面膜在目标人群中的曝光度, 扩大品牌影响力。

2. 拓展目标客户群: 通过精准定位, 吸引更多潜在客户关注和购买莹润肌面膜。

3. 提高销售业绩: 通过吸引更多目标用户, 提高产品的销售业绩。

通过以上策略, 我们将有效提高莹润肌面膜在目标受众中的知名度, 扩大品牌影响力, 实现广告目的。

3. 电子邮件营销

电子邮件营销是一种通过电子邮件向目标受众传递营销信息的方式。这种广告形式可以用于推销产品或服务, 也可以用于提供信息或建立品牌形象。而针对不同受众需要写不同的信件, 而这会非常耗时, 因此可以通过 ChatGPT 批量生产不同的邮件。在利用 ChatGPT 生成电子邮件广告营销方案时, 需要提供以下信息。

（1）目标受众: 在进行电子邮件营销时, 需要明确目标受众, 了解他们的需求、偏好和行为习惯。这有助于制定更加有针对性的电子邮件内容和促销活动, 提高受众的兴趣和参与度。

（2）邮件内容: 电子邮件的内容应该能够吸引受众的注意力, 并且能够引导他们采取行动, 如点击链接、访问网站、购买产品等。邮件内容可以包括产品介绍、促销信息、新闻资讯、行业动态等, 需要结合目标受众的需求和兴趣进行创意和撰写。

（3）邮件频率: 在进行电子邮件营销时, 需要考虑邮件的发送频率。频繁发送邮件可能会让受众感到烦扰, 反而影响品牌形象和受众的参与度。因此, 需要合理控制邮件的发送频率, 并根据受众的反馈和参与度进行调整。

案例：用 ChatGPT 生成电子邮件广告营销方案

提问： 现在让你充当一个广告营销专家，根据新出的面膜"莹润肌"写一份电子邮件营销方案。方案包括邮件的内容，如产品介绍、促销信息、新闻资讯、行业动态等；广告受众定位是 20～30 岁的女性，喜欢国潮、追求性价比；广告目的是提高产品的知名度。

回答： 尊敬的 × 女士：

感谢您对我们的关注和支持！我们非常高兴向您介绍我们的新产品——"莹润肌"面膜。这是一款为 20～30 岁的年轻女性打造的面膜，采用国潮风设计，帮助您轻松打造水润肌肤，令您散发出自信美丽的光彩。

我们的"莹润肌"面膜采用天然植物提取物和多种保湿成分，可以迅速滋润肌肤，让肌肤水润、紧致、光滑。此外，它还具有深层清洁和收缩毛孔的效果，有助于改善肌肤质地和提升肤色。

我们非常重视产品的性价比和质量，您可以放心购买。目前，我们为新客户提供 20％ 的优惠折扣，让您尽情享受高品质的面膜护肤体验。此外，我们还有更多的促销活动和福利，敬请留意我们的邮件或关注我们的官方网站。

我们每周都会发送最新的产品资讯和行业动态，以便您了解更多与肌肤护理相关的信息。我们会根据您的反馈和参与度，合理控制邮件的发送频率，确保您不会受到过多的干扰。

请点击下方链接或访问我们的官方网站，查看我们的产品详情和更多的促销信息。如果您对我们的产品有任何问题或建议，请随时与我们联系。

链接：××××××××

谢谢您的支持！

PS：如果您不想再收到我们的邮件，请回复此邮件并在主题行中注明"退订"。

4. KOL

KOL 指的是在某个领域或社交媒体上有一定影响力和号召力的人士。与 KOL 合作可以帮助企业快速提升品牌曝光度和美誉度，吸引更多潜在客户的关注和购买。以下是与 KOL 合作方案的具体步骤。

（1）筛选合适的 KOL：企业需要根据自身产品的特点和目标受众，筛选出适合合作的 KOL。在筛选 KOL 时，需要考虑以下几个因素：KOL 的粉丝数量、粉丝的人群属性、KOL 的专业度和对该领域的熟悉程度、KOL 的合作费用等。

（2）制订合作方案：企业需要与 KOL 商定合作方案，包括合作的内容、形式、时间、费用等。合作内容可以包括推广视频、直播、发文章和图片等。在制订合作方案时，需要考虑到企业的品牌形象和市场定位，同时需要根据 KOL 的影响力和号召力进行适当的调整。

（3）策划推广内容：在与 KOL 商定好合作方案后，企业需要与 KOL 一起策划推广内容，制订详细的推广计划和策划推广内容。推广内容需要与企业产品的特点和目标受众相符合，同时需要符合 KOL 的特点和风格，让推广内容更加真实、自然、有趣。

（4）跟踪和评估效果：在合作期间，企业需要跟踪和评估合作效果，了解推广内容的传播效果和用户反馈。企业可以通过监测推广内容的转化率、阅读量、评论数、点赞数等指标，评估合作效果，并根据评估结果进行适当的调整和优化。

📋 **案例：用 ChatGPT 生成 KOL 营销方案**

> 💬 **提问：** 现在让你充当一个广告营销专家，根据新出的面膜"莹润肌"写一份 KOL 营销方案。方案包含筛选出适合合作的 KOL、制订合作方案、策划推广内容；广告受众定位是 20～30 岁的女性，喜欢国潮、追求性价比；广告目的是提高产品的知名度。

🖋 **回答：** 莹润肌面膜 KOL 营销方案

一、项目背景

莹润肌面膜是一款针对 20～30 岁女性的新型护肤产品，具有国潮风格与高性价比。为提高产品知名度，我们将进行一系列 KOL 合作推广活动。

二、KOL 筛选

年龄定位：选择年龄在 20～35 岁之间的 KOL，与目标受众年龄接近，有较高的亲和力。

风格定位：符合国潮风格的 KOL，既懂得传统文化，又能展示现代时尚。

受众定位：粉丝主要为 20～30 岁的女性，追求性价比的消费群体。

平台选择：优先考虑在微博、抖音、小红书等热门平台上具有较高影响力的 KOL。

三、合作方案

长期合作：与部分 KOL 达成长期合作关系，定期进行产品推广，增加品牌曝光度。

短期活动：邀请 KOL 参与限时活动，如折扣优惠、赠品等，吸引粉丝关注与购买。

互动营销：组织 KOL 与粉丝的线上互动，如直播试用、问答互动等，增加用户黏性。

四、推广内容策划

产品特点：KOL 需充分介绍莹润肌面膜的产品特点，如成分、功效、使用方法等。

国潮元素：KOL 在推广过程中需融入国潮元素，如古风妆容搭配汉服穿搭等，展示产品的独特魅力。

用户案例：KOL 可分享自己及身边朋友使用莹润肌面膜的体验，提高产品的可信度。

互动环节：KOL 可通过举办抽奖活动、话题讨论等方式，吸引粉丝参与互动。

五、执行与监控

合作合同：签订详细的合作合同，明确 KOL 的推广责任与对其的要求。

进度监控：定期与 KOL 沟通，确保推广活动顺利进行。

数据分析：收集推广活动的数据，如点赞、转发、评论等，分析效果并进行优化。

问题处理：对于出现的问题及时与 KOL 沟通解决，保证推广活动顺利进行。

企业需要根据自身产品的特点和目标受众，筛选合适的 KOL，并制订详细的合作方案和推广内容，同时需要跟踪和评估合作效果，不断进行优化和调整。

7.3.2　线下广告营销方案

线下广告是企业推广产品和服务的重要方式之一，包括户外广告、杂志广告、直邮广告等。与线上广告不同，线下广告更加接近消费者的日常生活，能够更直接地引起消费者的注意和共鸣。

1. 户外广告

户外广告是指在城市中广泛分布的各类户外广告媒介上发布的广告，如公交车、地铁、电视塔、高楼等地的广告牌、灯箱、立柱广告等。户外广告具有视觉冲击力强、传播范围广、传播效果长久等特点，可以在消费者的日常生活中不断地提醒和引导他们购买产品或服务。

（1）选择合适的广告位置：户外广告的效果与广告位置密切相关，因此选择合适的广告位置非常重要。企业应该根据目标受众的行为习惯和人群属性，选择合适的广告位置。例如，针对年轻人的产品可以选择在娱乐场所、购物中心等地方投放广告，而面向家庭的产品则可以选择在公园、小区等地方投放广告。

（2）注意广告内容的设计：户外广告的视觉效果非常重要，因此广告的设计需要引人注目，具有视觉冲击力。同时，广告内容要简单明了，容易被消费者理解和接受，避免出现过于复杂或难以理解的内容。

（3）确定合适的投放时段：户外广告的投放时段也是影响广告效果的重要因素。企业应该根据目标受众的活动规律和行为习惯，选择合适的投放时段。例如，在交通高峰期和周末等时间段投放广告，可以获得更好的传播效果。

（4）关注广告投放效果的监测与评估：户外广告的监测和评估是了解广告投放效果的重要手段。企业可以通过监测广告的曝光率、点击率、转化率等指标，评估广告的投放效果，并根据评估结果进行相应的调整和优化。

📖 **案例：用 ChatGPT 生成户外广告营销方案**

> 🔟 **提问：** 现在让你充当一个广告营销专家，根据新出的面膜"莹润肌"写一份户外广告方案。方案包含合适的广告位置、广告内容的设计、合适的投放时段；广告受众定位是 20 ~ 30 岁的女性，喜欢国潮、追求性价比；广告目的是提高产品的知名度；常见的投放载体是电子屏幕。

> ⑨ **回答：** 户外广告方案 - 莹润肌面膜
>
> **一、广告位置**
>
> 商业区：选在繁华的商业区，如购物中心、美容美发店、服装店等附近，吸引目标消费者关注。
>
> 地铁站：选择人流量大的地铁站入口、换乘通道等显眼位置投放广告，增加曝光率。
>
> 公交站台：在靠近大型商场和女性消费场所的公交站台投放广告。
>
> **二、广告内容设计**
>
> 视觉效果：采用鲜艳的色彩，如玫瑰红或珊瑚橙，以吸引目标受众的眼球。同时使用大胆的图案，结合国潮元素，如中国风图案、古典美人等。
>
> 产品展示：突出面膜的特点，如保湿、滋润、提亮肤色等，用简洁明了的文字描述产品效果。
>
> 口号：创意口号，例如，"国潮美肌，莹润肌面膜，让你肌肤焕发青春！"。

优惠信息：提供限时优惠券、买一送一等促销活动，刺激消费者的购买欲望。

三、投放时段

周末和节假日：此时段人流量较大，有更多的机会吸引目标消费者。

节日前后：如情人节、妇女节等，此时女性对美容护肤产品的需求较高。

季节交替时期：春季和秋季皮肤容易干燥，需加强保湿，适合投放广告。

四、受众定位

年龄：20～30 岁的女性，关注肌肤保养，追求美丽。

兴趣：喜欢国潮，注重性价比。

目标：提高莹润肌面膜的知名度，吸引消费者购买。

总结：莹润肌面膜户外广告将采用醒目的色彩和国潮元素的设计，结合优惠促销活动，在人流量大的地点和时段投放，吸引 20～30 岁的女性消费者，提高产品知名度。

2. 活动合作（联名合作、品牌联名）

企业可以通过参加各种活动来提高品牌知名度和影响力，如举办品牌推广活动、赞助社区、参与公益活动等。通过活动合作，企业能够与消费者建立更紧密的联系，增加品牌的亲和力和美誉度，提高品牌的市场份额和竞争力。

（1）筛选合作伙伴：在进行联名合作或品牌联名时，企业需要与自身品牌形象和市场定位相符合的合作伙伴进行合作。因此，合作前需要考虑对方的品牌形象、影响力、受众群体等因素。

（2）制订合作方案及目标：企业需要与合作伙伴商定合作方案，包括合作内容、形式、时间、费用等。合作内容可以包括举办活动、发布联合宣传等。制订合作方案时需要考虑到企业的品牌形象和市场定位，以及希望达到的目标。

（3）策划活动内容：在制订好合作方案后，企业需要与合作伙伴一起策划活动内容，制订详细的活动计划。活动内容需要与企业产品的特点和目标受众相符合，同时需要符合合作伙伴的特点和风格，让活动更加真实、自然、有趣。

（4）做好宣传推广：在进行活动合作时，企业需要做好宣传推广，通过各种渠道向目标受众传播活动信息，包括社交媒体、电视广告、宣传单页等。此外，宣传推广需要根据目标受众的特点和习惯进行适当的调整。

提问： 现在让你充当一个广告营销专家，根据新出的面膜"莹润肌"写一份活动联名合作方案。方案包含筛选合作伙伴，制订合作方案及目标、活动内容、宣传方式；方案受众定位是 20～30 岁的女性；喜欢国潮、追求性价比；方案目的是提高产品在年轻人中的潮流属性和知名度。

回答： **一、方案概述**

本次活动联名合作方案旨在为新出的面膜"莹润肌"找到适合的合作伙伴，通过具有创意和潮流感的活动内容，提高产品在 20～30 岁女性群体中的知名度和潮流属性。本方案将针对喜欢国潮、追求性价比的年轻女性，通过筛选合作伙伴、制订合作方案及目标、活动内容和宣传方式，实现方案目的。

二、合作伙伴筛选

服装品牌：选择具有国潮特色的设计师品牌，以强化产品的国潮属性。

影响力女性博主：选择在社交媒体上具有较高影响力的女性博主，利用她们的粉丝基础提高产品知名度。

三、合作方案及目标

与服装品牌合作，共同推出限量版"莹润肌"面膜礼盒，以国潮设计为主题，提升产品潮流属性。

与女性博主合作，邀请她们体验并在社交媒体平台上分享"莹润肌"面膜的使用感受，提高产品知名度。

四、活动内容

设计限量版"莹润肌"面膜礼盒，礼盒内附赠合作服装品牌的限量版周边产品，如手机壳、挂件等，提高产品收藏价值。

开展"莹润肌"面膜试用体验活动，邀请女性博主在社交媒体平台上分享产品使用感受，同时鼓励粉丝参与互动，赠送试用装给幸运粉丝。

举办线上/线下美妆护肤大赛，邀请美容师或达人现场示范"莹润肌"面膜的使用方法，同时分享彩妆搭配技巧，增加活动的趣味性和吸引力。

设立"莹润肌"专属话题标签，鼓励用户在社交媒体平台上晒出自己的面膜使用照片和心得，提高产品曝光度。

五、宣传方式

1. 线上宣传

利用合作伙伴的社交媒体平台进行宣传，发布活动海报、视频等内容。

在热门美妆论坛和社交媒体平台进行活动推广，吸引潜在消费者。

通过直播平台进行产品试用和美妆教程直播，提高产品知名度。

2. 线下宣传

在合作伙伴的实体门店进行活动宣传，设立"莹润肌"专柜，提供产品试用。

举办美妆护肤大赛现场活动，吸引路过的消费者参与体验。

与合作伙伴共同制作活动宣传物料，如海报、易拉宝等，提高活动曝光度。

六、总结

本次"莹润肌"面膜活动联名合作方案，围绕 20～30 岁女性群体，精心筛选合作伙伴，并通过丰富的活动内容和多样化的宣传方式，旨在提高产品在年轻人中的潮流属性和知名度。通过实施本方案，有望吸引更多喜欢国潮、追求性价比的年轻女性关注并购买"莹润肌"面膜，从而实现产品销售和品牌价值的提升。

## 第 8 章

用 ChatGPT 高效运营电商平台

电商平台运营一直是一个充满挑战的领域，其最大的痛点就是如何提升产品推广效果和用户转化率。

本章将介绍如何利用ChatGPT打造高转化率的产品介绍和网站登录页，以及如何通过ChatGPT生成各类优惠方案和个性化的产品推广方案，吸引更多目标用户。此外，我们还将介绍如何利用ChatGPT优化网站SEO，提高产品曝光率，从而实现更好的营销效果。

8.1 电商平台运营的痛点

在电商平台运营中，企业难免会遇到产品推广效果差、用户转化率低等问题，这些问题会直接影响企业的销售业绩和市场竞争力。

（1）产品推广效果差：企业在电商平台上发布的产品信息可能难以吸引用户的注意力，导致产品曝光率不高，从而影响销售额。产生这一问题的根源在于传统的产品推广手段已经无法满足用户的需求，而且用户对于广告的忽视程度也越来越高。

（2）用户转化率低：由于产品介绍不够吸引人或页面设计不够美观等原因，即使用户点击进入产品页面，也并不会立刻购买产品，导致产品转化率低下。要想解决这一问题，需要提高产品信息的质量，让用户对产品产生兴趣和信任感，同时需要改进页面设计，提高用户体验度。

（3）竞争激烈：随着电商平台的普及和竞争加剧，企业需要更好地展示产品和服务的独特性和优势，才能在众多商家中脱颖而出。这一问题的解决需要差异化营销，以及优化产品信息的呈现方式，以吸引用户的注意力。

（4）营销成本高：为了吸引更多的用户，企业需要使用广告投放和优惠活动等营销手段，但这些手段往往会带来较高的营销成本。要想解决这一问题，需要找到新的、成本更低、效果更好的营销手段。

ChatGPT具有自然语言处理和深度学习的能力，可以生成高质量的文案和推广方案。利用ChatGPT可以解决使用传统营销手段无法解决的问题，提高产品的曝光率和转化率，降低营销成本，从而帮助企业在激烈的市场竞争中占领更大的市场份额。

8.2　用ChatGPT生成电商运营文案

在电商平台运营中，文案的重要性不言而喻。好的文案能够吸引用户的注意力，提高产品的曝光率和转化率，从而帮助企业获得更好的销售业绩。

传统的文案撰写方式往往需要耗费大量时间和人力，且难以保证效果。而利用ChatGPT则可以生成高质量的产品介绍和详情页文案。

8.2.1　利用ChatGPT生成产品介绍文案

在电商平台上，产品介绍文案是吸引用户下单的关键因素之一。然而，传统的产品介绍文案往往难以准确地表达产品的特点和优势，也难以满足用户个性化的需求。而利用ChatGPT则可以根据用户的搜索关键词和历史购买信息等，生成符合用户需求的、高质量的产品介绍文案，从而提高用户购买率。

📑 案例：基础产品介绍文案

🔟 提问： 我想让你充当经验丰富的广告营销专家。请你写一段文案来介绍一款新出的产品"智能音响——费曼"，包括产品或服务的关键信息，来吸引顾客。

◎ 回答：（GPT-3.5）

非常感谢您的选择，我很乐意为您介绍这款全新的智能音响产品——费曼。

费曼智能音响是一款极具创新性的音响产品，它采用最先进的智能技术，为您提供了全方位的音频体验。无论您是想放松、享受音乐，还是追求更高质量的声音，费曼智能音响都能够满足您的需求。

这款智能音响的最大特点就是智能语音识别，它内置了智能助手，让您可以通过语音指令来控制音乐、接听电话，甚至是调整家居设备。无需手动操作，您只需说出指令即可，操作更加便捷。

费曼智能音响内置了先进的扬声器和无损音频解码器，能够完美呈现各种类型的音乐和声音效果。此外，该产品还拥有独特的设计，外观简洁大方，非常适合在各种室内环境使用。

总之，费曼智能音响是一款集智能、高品质音质、独特设计于一身的全新产品，它将带给您不一样的音频体验。如果您正在寻找一款高性价比的音响产品，不妨考虑一下费曼智能音响，相信它一定会让您满意。

◎ 回答：（GPT-4.0）

【新品推广】费曼智能音响：未来家居的声音革命！

让我们向您隆重推荐一款全新的智能音响——费曼！以独特的设计、前沿的技术和非凡的音质，费曼智能音响将带您进入令人振奋的家庭音响体验新纪元！

1. 无与伦比的音质：费曼智能音响采用顶级音响技术，为您带来沉浸式、高清晰度的立体声音乐体验。再也不必担心音质受制于设备，让您的家居生活充满美妙的声音。

2. 智能语音助手：费曼音响内置了一款强大的人工智能语音助手，可以通过语音命令控制音响播放音乐、查询天气、设定闹钟等功能，让您的生活更加智能化。

3. 无线连接：通过 Wi-Fi 和蓝牙连接，您可以轻松地将费曼智能音响与您的智能手机、平板电脑或电脑进行配对。无论在哪个房间，都可以轻松控制音响。

4. 智能家居集成：费曼智能音响与各种智能家居系统完美兼容，您只需轻轻说一句话，即可控制家里的智能设备，如灯光、空调等，让您轻松享受智能家居带来的便捷。

5. 多语言支持：费曼智能音响支持多种语言，您无论在哪个国家都可以与之沟通，感受家的温馨。

6. 时尚设计：费曼智能音响采用优雅的外观设计和精湛的工艺，使其不仅是一款出色的音响设备，而且是您家居装饰的一道亮丽风景线。

现在就行动吧！为您的家居生活带来全新的音响体验，让费曼智能音响陪伴您度过美好时光。

从结果可以看到，尽管 GPT-4.0 的回答还算专业严谨，但介绍得还不全面。还需要对音响使用的技术、设计理念进行介绍，从而让 ChatGPT 的回答更完整。因此，我们可以在提示词中增加相关需求。

📑 案例：对已有文案补充需求

> 🔟 **提问：** 我想让你充当经验丰富的广告营销专家。请你写一段文案来介绍一款新出的产品"智能音响——费曼"，产品介绍包含音响的设计理念、设计师，以及音响使用什么通信、解析技术，体现出音响的创新性。

> ⑥ **回答：**（GPT-3.5）
> 欢迎来到智能音响——费曼的世界，这是一款集音质、设计

和技术于一身的创新性音响产品，由著名设计师费曼打造。

智能音响——费曼的设计理念是让音乐真正融入人们的生活。因此，设计师费曼注重音响的外观设计，使其看起来与现代家居装饰相得益彰，与音乐本身完美融合。在音响的材质选择上，费曼采用了高品质的材料，确保音响具有良好的音质和稳定性。此外，该音响采用了优秀的通信技术和解析技术，使音乐在传输和解析过程中保持高清晰度和纯净度。

智能音响——费曼使用了先进的蓝牙 5.0 和 Wi-Fi 通信技术，让您可以轻松地将智能音响——费曼连接到您的智能设备上。您可以通过智能音响——费曼的智能语音助手来控制音响的播放、调节音量等，让您的音乐生活更加便捷。

最重要的是，智能音响——费曼具有卓越的解析技术和声音处理能力。它采用了高级的数字信号处理技术，可以实现高清晰度和高保真度的音乐播放。它还内置了高性能的音频解码芯片，能够解析各种音频格式的音乐，从而让您在享受音乐时，感受到更加真实、细腻的音乐细节。

智能音响——费曼不仅是一款音响产品，而且是音乐生活的一部分。让我们一起享受智能音响——费曼带来的音乐盛宴吧！

⑤ 回答：（GPT-4.0）

智能音响——费曼，为您带来前所未有的音频体验！这款音响结合了高科技与艺术设计，将改变您听音乐的方式。

设计理念——致力于为用户带来前所未有的音频体验。基于精湛的工艺与创新科技，我们推出了一款能够满足您所有需求的智能音响。

设计师——费曼音响的设计师为享誉国际的顶级设计师，他凭借丰富的经验与独特的审美观，将传统音响与现代科技完美融合，为您带来一款时尚且充满个性的智能音响。

通信技术——费曼音响采用了最先进的蓝牙 5.0 技术，实现了迅速且稳定的无线连接。与此同时，费曼音响还支持 Wi-Fi 无线网络连接，使您在任何地方都可以畅享高品质的音乐。

解析技术——费曼音响采用了独特的音频解析技术，可以实时识别和优化播放的音频文件。此外，费曼音响还具备强大的降噪功能，能减少外部噪声的干扰，让您尽情享受高品质音乐。

创新性——费曼音响的创新性表现在其独特的设计、卓越的音质与智能化功能上。通过人工智能语音助手，您可以实现语音控制播放、暂停及搜索功能，更加方便快捷。

在费曼音响的陪伴下，让我们共同进入一个全新的音乐世界。

另外，也可以利用 ChatGPT 针对不同的群体进行文案优化。

对于音乐爱好者来说，他们关心的是能够获得超清晰的音质和极佳的低音效果，并且方便控制播放喜欢的歌曲，从而让他们可以享受音乐的美妙。

案例：针对群体的产品介绍文案

提问：　我想让你充当经验丰富的广告营销专家。请你写一段文案来介绍一款新出的产品"智能音响——费曼"。

　　1. 产品介绍包含音响的设计理念、设计师，以及音响使用什么通信、解析技术，体现出音响的创新性。

　　2. 产品介绍针对音乐爱好者，他们关心的是能够获得超清晰的音质和极佳的低音效果，并且方便控制播放喜欢的歌曲。

回答：　亲爱的音乐爱好者，现在，我要向您介绍一款全新的智能音响——费曼。费曼音响采用了全新的设计理念和通信技术，为您带来无与伦比的音质和低音效果，以及便捷的控制体验。

　　费曼音响的设计灵感来自杰出的物理学家理查德·费曼。它的设计师们深知音乐对于人们的重要性，因此在设计时倾注了大量的心血。精心设计每一个细节，以最大程度提升音乐的表现力和质感。

　　费曼音响采用了最先进的通信和解析技术，能够以高清晰度播放音乐，让您感受到乐曲中每一个音符的细腻变化，而且低音效果非常突出，能够为您带来身临其境的听觉盛宴。此外，费曼音响还采用了智能控制技术，可智能播放音乐。

费曼音响非常适合那些追求音质和低音效果的音乐爱好者，无论您是在家中、办公室或是在户外，都能够拥有非凡的音乐体验。

现在，赶快购买费曼音响，让美妙的音乐陪伴您每一天。

8.2.2　用ChatGPT生成商品详情页文案

商品详情页是电商平台最重要的页面之一，是用户做出购买决策的关键环节。因此，商品详情页的文案编写至关重要。

利用ChatGPT生成商品详情页文案，需要考虑以下几个方面。

（1）商品特性：在商品详情页中，需要对商品的特性进行全面而具体的描述，让用户能够更好地了解商品的性能和特点。利用ChatGPT生成的文案需要准确地反映商品的特性，使用户在阅读后能够产生兴趣和购买欲望。

（2）用户需求：通过ChatGPT生成的文案需要能够准确地表达商品与用户需求之间的匹配度，让用户感受到购买商品的必要性和价值。

（3）页面设计：商品详情页的页面设计也是用户做出购买决策的重要因素之一。一个优美的页面设计可以让用户感受到商品的高品质和独特性。ChatGPT生成的文案需要与页面设计相结合，让用户感受到购买商品的舒适感和愉悦感。

以下是利用ChatGPT生成商品详情页文案的案例。

案例：基础详情介绍文案

> **提问：** 我想让你充当经验丰富的广告营销专家。请你写一段淘宝详情页面的文案来介绍产品，要对商品的特性进行全面而具体的描述，包含品牌理念、商品的尺寸和面料、产品设计理念、购买须知，让用户能够更好地了解商品的性能和特点。现在请你介绍新出的

T恤，其版型硬挺，街头风格的印花，品牌名称叫Zxzus。

回答： 感谢您选择我作为您的广告营销专家。下面是我为您编写的淘宝详情页页面产品介绍文案，介绍新出的T恤，品牌名称叫Zxzus。

【品牌理念】

Zxzus品牌诞生于街头文化，致力于为时尚潮人打造个性化的街头服饰。我们始终秉承"创意源自生活，生活成就潮流"的设计理念，以最新的时尚潮流为灵感来源，打造了一系列独具特色的街头时尚单品。

【版型及尺寸】

我们为您推出的这款T恤采用硬挺版型设计，以展现您的时尚态度和个性。同时，我们提供多种尺码可供选择，从S码到3XL码，适合不同身形的潮人穿着。

【面料】

我们的T恤采用了柔软、透气、舒适的面料，确保穿着舒适，适合日常穿着或运动穿着。

【产品设计理念】

这款T恤的设计灵感源自街头文化，以酷炫的印花设计为主打，呈现出浓郁的街头风格。我们以精湛的印花技术，将设计师的创意完美地呈现在T恤上，让您能够在任何场合都能尽显时尚与个性。

【购买须知】

在购买此款T恤之前，您需要知道以下几点。

1. 我们支持货到付款和在线支付，让您购物更加方便。

2. 我们提供免费退换货服务，确保您的购物体验。

3. 如果您对我们的产品有任何疑问或建议，可以随时联系我们的客服团队，我们会尽快为您解答。

总体来说，这款T恤是一款充满街头风格的时尚单品，采用优质面料制作，版型硬挺，印花设计独具特色。我们相信，这款T恤一定会成为您衣橱里的时尚单品，让您在街头尽情展现自己的时尚态度和个性。

案例：结合详情页的页面设计方案

提问： 我想让你充当经验丰富的淘宝详情页页面设计专家。请你设计淘宝详情页页面，页面设计包含详情页的配色、配图描述、文案结构等。现在请你介绍新出的 T 恤，其版型硬挺，街头风格的印花，品牌名称叫 Zxzus。

回答： 尊敬的客户，您好！很荣幸为您介绍新品牌 Zxzus 的街头风印花 T 恤，以下是我们为您精心设计的淘宝详情页页面方案。

一、页面整体布局与配色

1. 页面宽度：适配 PC 端和移动端，宽度自适应。

2. 配色方案：以黑白灰为主色调，突显街头风格，同时在关键部位使用品牌特色色彩（如红、蓝或绿色）作为点缀，提升视觉冲击力。

二、页面板块划分

1. 顶部：品牌 Logo 及 T 恤名称，简洁明了，展示品牌形象。

2. 轮播图区：展示 T 恤的实物图、穿搭效果图和印花细节图，体现产品特点。

3. 产品描述区：介绍 T 恤的面料、版型、印花工艺等核心卖点，以短句或图文并茂的形式进行阐述。

4. 尺码表区：提供详细的尺码表，帮助用户挑选合适的尺码。

5. 搭配推荐区：推荐与该款 T 恤搭配的其他单品，提升购物体验。

6. 用户评价区：展示真实用户评价，提升信任感。

7. 底部：品牌故事、售后保障、购物指南等信息，增加品牌亲和力。

三、文案结构

1. 标题：Zxzus 新品 | 街头风印花硬挺 T 恤，展现个性与品味

2. 副标题: 优质面料 | 独特版型 | 精致印花

3. 产品卖点文案

　 - 面料: 采用优质纯棉面料, 舒适透气, 吸汗不黏身

　 - 版型: 硬挺版型设计, 剪裁合体, 展现独特风格

　 - 印花: 精选街头元素, 采用先进印花工艺, 色彩鲜明不褪色

4. 尺码表文案: 请参考下方尺码表, 如有疑问请联系客服。

希望以上方案能够满足您的需求, 如有任何问题或建议, 请随时联系我们。再次感谢您对 Zxzus 品牌的支持!

8.3 用ChatGPT生成优惠方案与提高SEO效果

在电商平台的运营中, 制定有效的优惠方案和提高 SEO (搜索引擎优化) 效果, 是提高产品曝光率和转化率的重要手段。

利用 ChatGPT 作为辅助工具, 可以更好地生成各类优惠方案, 提高用户的参与度和购买意愿。同时, 利用 ChatGPT 提高 SEO 效果, 可以提高网站在搜索引擎中的排名, 让更多潜在用户了解企业的产品和服务, 从而提高产品的曝光率和销售业绩。

下面我们将详细介绍如何利用 ChatGPT 生成各类优惠方案和优化产品 SEO, 帮助企业达到更好的营销效果。

8.3.1 用ChatGPT生成各类优惠方案

在电商平台运营中, 制定优惠方案是吸引用户购买商品的重要策略之一。但是, 如何制定一种既能吸引用户又不会对企业造成过大经济压力的优惠方案, 是每个运营人员都需要面对的问题。

利用 ChatGPT, 可以更加智能地生成各类优惠方案, 如限时特惠、打包促销、赠品优惠等, 满足用户不同的购买需求, 从而提高用户的参与度和购买意愿。

📇 案例：使用 ChatGPT 生成优惠方案

提问：（第一步：问 ChatGPT 需要提供什么信息给它）

如果想让你生成个性化的产品优惠方案，吸引更多目标用户，请问需要提供什么给你。

回答： 为了生成个性化的产品优惠方案，我需要了解以下信息。

1. 你的产品或服务的基本信息，包括特点、优势、定位、目标受众等。

2. 目标用户的相关信息，如年龄、性别、地理位置、兴趣爱好、消费能力等。

3. 你希望在促销中使用的促销手段，如打折、满减、赠品、优惠券等。

4. 你的预算和促销时间，如促销活动的时间范围和预算限制。

5. 其他任何有关产品和促销的信息，如历史销售数据、竞争对手的促销策略等。

提供这些信息可以帮助我更好地了解你的产品和目标用户，并为你生成更具有针对性和个性化的促销方案。

提问：（第二步：提供产品信息）

1. 产品信息

我们的面膜产品是一款针对女性的护肤产品，具有以下特点和优势：

• 由天然植物提取而成，无刺激性，适合敏感皮肤。

• 含有多种维生素和营养成分，能够深层滋润肌肤，减少皱纹。

• 具有提亮肤色和美白的效果，使肌肤更加明亮细腻。

• 我们的目标受众为女性，年龄在 25 岁到 45 岁之间，居住在城市，注重护肤保养，有一定的消费能力。

2. 促销手段

为了吸引更多的目标用户购买我们的产品，我们计划采用以下促销手段：打折、赠品、礼品套装。预算和促销时间：我们计划在接下来的一个月内开展促销活动，总预算为 10 万元。

3. 其他信息

我们将密切关注竞争对手的促销策略，并根据市场反馈及时调整促销方案。我们还将收集和分析历史销售数据，以便更好地评估和改进促销策略。

---

⑤ 回答 -1：　（针对需求，给出了促销方案）

基于你提供的信息，我为你生成了以下具有个性化的产品优惠方案，旨在吸引更多目标用户。

1. 打折：在接下来的一个月内进行促销优惠活动，所有面膜产品九折出售。这个折扣将吸引更多的目标用户购买产品。

2. 赠品：凡购买面膜产品的用户赠送一份小礼品，例如，一个小型化妆包或一瓶美容液。这将增加用户的购买满意度，并提高用户的忠诚度。

3. 礼品套装：推出一个面膜礼品套装，包括 3 款不同的面膜产品和一个美容工具。这个礼品套装以优惠价格出售，使用户可以在一次购买中到手多种产品。

4. 促销时间：促销活动将持续一个月，从今天开始算，截至下个月同一天。这将为用户提供足够的时间来购买产品，同时也可以增加促销活动的曝光度和持续时间。

5. 针对不同的目标用户，推出个性化的促销方案。例如，针对年轻女性可能会推出更加时尚的礼品套装。

希望这些方案能够帮助你吸引更多的目标用户，增加销售额。如果你有任何其他需求或问题，随时可以联系我。

---

⑤ 回答 -2：　（针对需求，给出了促销方案）

非常感谢您提供的产品信息和促销计划。基于您的产品特点和目标受众，我为您设计了以下具有个性化的促销方案。

1. 打折：针对您的目标用户群体，我们建议您采取针对性的打折方案，例如，针对新用户提供首次购买折扣、在特定时间段内购买享受折扣等。考虑到您的产品为高端护肤品，我们建议您提供 5% ~ 10% 的折扣。

2. 赠品：您可以为购买面膜的用户提供相应的赠品，例如，洁面乳、眼霜、口红等。这些赠品不仅能够吸引更多的目标用户，而且能够提高用户的满意度和忠诚度。

3. 礼品套装：您可以根据用户需求设计不同的礼品套装，例如，抗皱套装、美白套装等，吸引用户购买整套产品，并且提高客单价。

4. 推广活动：在社交媒体平台上进行推广活动，例如，在微信、微博、抖音等平台开展"分享有礼""转发抽奖"等活动，吸引更多用户参与并提高品牌知名度。

5. 限时特惠：在特定时间段内开展限时特惠活动，例如，周末特惠、节假日特惠等，吸引更多用户购买，同时也能够增加用户对品牌的信任度和忠诚度。

以上是我为您设计的面膜产品促销方案，希望对您有所帮助。在促销过程中，您可以随时根据市场反馈和销售数据调整促销策略，以获得最佳的促销效果。

通过该步骤，就可以通过 ChatGPT 批量设计不同的促销方案，比如回答 -1 给出了打折的力度、赠品的范围，而回答 -2 基于优惠方案还给出了推广活动的内容。

运营人员只需要结合实际情况和经验，选择一种既能吸引用户又不会对企业造成过大经济压力的优惠方案即可。

> 🗨 提问：（接上面的同一个 ChatGPT 对话框继续引导）
> 请你针对"礼品套装"给出一个具体的优惠方案。

> ⑤ 回答：（针对"礼品套装"，给出了具体的优惠方案）
> 好的，以下是我为您设计的礼品套装的优惠方案。
> 1. 礼品套装的设计：为了吸引目标用户购买您的礼品套装，

我们建议您将面膜产品与其他相关的护肤产品组合，例如，洁面乳、爽肤水、眼霜、面霜等，组成多款礼品套装。每个礼品套装的产品数量和种类可以根据您的预算和市场需求进行灵活调整。

2. 套装价格的设定：针对您的目标用户，我们建议您定价在200元到500元之间，以保证价格具有一定的竞争力，同时也能够获得足够的利润。

3. 套装优惠政策：为了吸引用户购买礼品套装，我们建议您采取以下优惠政策。

• 采取多件折扣的方式，例如，购买两件及以上礼品套装，可享受9折优惠。

• 提供赠品，例如，在购买礼品套装的同时赠送面膜小样、洁面乳小样等产品，提高用户的购买欲望。

• 给予特定用户更多优惠，例如，新用户首次购买礼品套装可享受8折优惠，老用户累计购买礼品套装超过3次可享受9折优惠等。

4. 套装宣传方式：为了宣传您的礼品套装，我们建议您在社交媒体平台上进行推广，例如，在微信、微博、抖音等平台开展"限时抢购""分享有礼"等活动，吸引更多用户关注和参与。同时，您也可以在线下门店或展会上展示您的礼品套装，并提供体验和咨询服务，提高用户的购买意愿和品牌认知度。

以上是我为您设计的礼品套装优惠方案，希望对您有所帮助。在具体执行时，您可以根据市场反馈和销售数据进行调整和优化，以获得最佳的促销效果。

通过引导，ChatGPT还可以给出具体的优惠方案，这进一步提高了运营人员的工作效率。

8.3.2 用ChatGPT提高SEO效果

除了利用ChatGPT生成高质量的文案和优惠方案，还可以利用ChatGPT提高SEO效果，这是提高产品曝光率和转化率的重要手段。SEO

（Search Engine Optimization，搜索引擎优化）指通过优化产品的内容，提高网站在搜索引擎中的排名，从而吸引更多的潜在用户访问产品，提高产品曝光率和转化率。

利用ChatGPT提高SEO效果，主要体现在以下两个方面。

1. 关键词优化

利用ChatGPT可以生成与产品相关的关键词和热门搜索词，然后将这些关键词应用到产品的标题、描述、内容等位置，可以提高与目标关键词的相关性，从而提高产品在搜索引擎中的排名。

📑 案例：利用 ChatGPT 进行关键词优化

🔟 **提问：** 请你优化电商产品标题提高SEO的效果，该标题是，美式印花T恤

⑥ **回答：** 为了优化电商产品标题，提高SEO的效果，可以考虑以下几点。

　　1. 添加关键词：在标题中添加一些相关的关键词，以帮助搜索引擎更好地了解这件产品。例如，可以将"美式印花T恤"改为"美式印花T恤男女款夏季短袖透气上衣"，其中包含更多的关键词，更有利于搜索引擎优化。

　　2. 描述产品特点：在标题中描述产品的一些独特特点，以吸引用户点击。例如，将标题改为"时尚休闲男女款美式印花T恤，透气舒适，夏季必备"，可以更好地吸引用户的注意力，提高点击率。

　　3. 使用数字和符号：使用数字和符号可以使标题更加吸引人眼球。例如，将标题改为"2023夏季最热卖！美式印花T恤男女款，透气舒适✔"，其中的数字和符号可以更好地吸引用户的关注。

　　4. 确保标题简洁明了：尽量保持标题简洁明了，避免使用过多的词语。过于复杂的标题不仅难以阅读，而且不利于SEO效果的提高。一个简洁明了的标题更容易被用户记忆和分享。

　　综上所述，以下是一个更优化的电商产品标题示例：时尚休闲男女款美式印花T恤，透气舒适，夏季必备。

可以继续让 ChatGPT 生成多个标题供选择。

> 🔟 **提问：**　请你给出 10 个美式印花 T 恤标题。

> ⑤ **回答：**　当然，以下是我为您提供的 10 个美式印花 T 恤标题。
>
> 　　1. 美式经典，夏季必备：时尚印花 T 恤男女款
> 　　2. 漂亮又实用：夏季款美式印花 T 恤短袖
> 　　3. 透气舒适，个性时尚：男女款美式印花 T 恤
> 　　4. 时尚印花，潮流引领：夏季必备 T 恤
> 　　5. 经典款式，多样印花：男女款美式 T 恤上衣
> 　　6. 美式印花 T 恤，轻松搭配夏日造型
> 　　7. 时尚舒适，超实用：美式印花 T 恤男女款
> 　　8. 美式风格，炫酷印花：夏季 T 恤上新
> 　　9. 款款经典，印花个性：男女夏季印花 T 恤
> 　　10. 轻松休闲，时尚潮流：美式印花 T 恤男女款

可见，通过 ChatGPT，不仅会给出优化方案，还会给出优化后的案例。如果它生成的标题还不太符合平台的要求，因此我们可以优化提示词。

（**Prompts**）　通过以下产品关键字生成 [数字] 产品标题。产品是 [产品品类]。产品关键字：[附上关键字]。产品标题案例：[模仿的标题]。

> 🔟 **提问：**　通过以下产品关键字生成 10 个产品标题。产品是街头印花 T 恤。
> 　　产品关键字：ins、街头、潮牌、T 恤、字母 T。产品标题案例：美式印花纯色字母上衣短袖 T 恤男夏季街头潮牌 ins 宽松百搭潮流

> ⑤ **回答：**　1. 经典字母 T 潮牌印花短袖 T 恤男士夏季街头 ins 风格
> 　　2. 个性街头潮牌印花 T 恤男短袖字母 T 宽松百搭潮流款
> 　　3. 创意印花字母 T 潮牌 T 恤男短袖街头风格夏季 ins 款
> 　　4. 美式街头风潮牌 T 恤男士印花字母 T 短袖夏季 ins 款式
> 　　5. 时尚潮流街头印花 T 恤男士短袖字母 T 款 ins 风格
> 　　6. 酷炫印花字母 T 街头潮牌 T 恤男夏季短袖 ins 款式
> 　　7. 潮牌街头风格字母 T 印花 T 恤男士夏季短袖 ins 潮流款

8. 夏季印花字母T街头潮牌T恤男士短袖ins时尚款式

9. 个性街头印花T恤男士字母T短袖夏季潮牌ins风格

10. 经典字母T潮牌印花T恤男短袖夏季街头ins百搭款

通过给ChatGPT具体的标题需求，它就会模仿指定电商产品的标题，同时根据关键词和产品批量生成产品标题，提高SEO的优化效果，还降低了运营人员的工作量。

如果你不知道相关的关键词有什么，可以向ChatGPT进行提问。

Prompts 请你告诉我 10 个与[主题文本]相关的关键字。

🔟 **提问：** 请你告诉我 10 个与夏日连衣裙相关的关键字。

💫 **回答：** 好的，以下是与夏季连衣裙相关的 10 个关键字。

1. 夏日

2. 连衣裙

3. 轻盈

4. 舒适

5. 清爽

6. 花卉图案

7. 色彩缤纷

8. 大裙摆

9. 短袖款式

10. 轻薄面料

最后，你还可以批量生成相关的问题，用于网站SEO的优化。

Prompts 生成与[关键词]相关的 10 个热门问题的列表，这些问题与[受众]相关。

🔟 **提问：** 生成与连衣裙相关的 10 个热门问题的列表，这些问题与 20 ~ 30 岁的年轻女性相关。

💫 **回答：** 1. 什么样的连衣裙适合 20 ~ 30 岁的年轻女性？

2. 如何在日常穿搭中搭配连衣裙?

3. 连衣裙有哪些流行的款式和设计?

4. 如何根据身材选择合适的连衣裙?

5. 如何在各种场合中穿搭连衣裙?

6. 连衣裙与什么样的鞋子搭配最佳?

7. 什么面料的连衣裙适合春夏季节?

8. 如何保养连衣裙?

9. 如何根据自己的风格选择合适的连衣裙?

10. 如何在不同季节中穿搭同一件连衣裙?

2. 内容优化

可以将 ChatGPT 生成的高质量内容应用到网站的文章、博客、产品介绍等位置,提高网站内容的质量和关联性,增加搜索引擎抓取和收录网站内容的概率,从而提高内容在搜索引擎中的曝光率和排名。

📇 案例:利用 ChatGPT 进行内容优化

🔟 **提问:** 请你生成 5 组独特的元标题和元描述。文案应该朗朗上口,可用号召性用语。主题是"夏日连衣裙"。

⑨ **回答:** 1. 元标题:夏日必备! 5 款性感连衣裙,让你在炎热的季节里闪耀!

元描述:你是否厌倦了炎热的天气和无聊的衣服? 赶紧来看看这 5 款性感连衣裙,让你轻松穿出时尚感,展现自信魅力!

2. 元标题:穿上它,夏日气质瞬间升级! 10 款清新连衣裙让你变身夏日女神!

元描述:炎热的夏季,让你感到疲惫不堪? 不要担心,这里有 10 款清新连衣裙,让你瞬间拥有清新的气息和女神般的魅力!

3. 元标题:舒适轻盈,让你快乐穿搭! 5 款夏日连衣裙,打造休闲潮流风!

元描述:夏季的炎热天气,不要让你的衣着失去时尚感! 来看看这 5 款轻盈舒适的连衣裙,让你轻松打造出休闲潮流风格!

> 4. 元标题：炎热夏季，把自己变成活力派！5 款活力满满的夏日连衣裙，让你不再沉闷！
>
> 元描述：夏天是个充满活力的季节！不要再穿那些沉闷的衣服，来看看这 5 款充满活力的夏日连衣裙，让你尽情展现自己的活力！
>
> 5. 元标题：闪耀你的美丽，让夏天成为你的舞台！5 款夏日连衣裙，让你成为最亮眼的存在！
>
> 元描述：夏季是个美丽的季节！你是否想成为最闪耀的存在？这 5 款夏日连衣裙将让你瞬间成为最亮眼的存在，让你的美丽无处不在！

通过综合应用以上两种优化方法，不但能提高产品或网站的 SEO 价值，增加网站的曝光率和转化率，还能提升产品的销售业绩和市场竞争力。

## 第 9 章

ChatGPT 与 Midjourney 结合
并应用于设计领域

本章将介绍 Midjourney 是什么、如何使用 Midjourney，以及如何将
ChatGPT 与 Midjourney 结合并应用于设计行业中的各种场景，包括海报、
包装和 UI/UX 设计等。

9.1 / Midjourney及其应用

Midjourney 是一款 AI 绘图工具，它可以根据用户输入的文字生成相对
应的图像，广泛应用于各个领域。

9.1.1 了解Midjourney

Discord 是一款近年来非常流行的聊天工具，类似于 QQ 群、微信群等
应用。如果想要使用 Midjourney，就需要先注册一个 Discord 账号，然后进
入 Midjourney 的 Discord 频道。（我们可以通过浏览器访问 Discord，也可以

下载其客户端。)

Midjourney搭载在Discord上，是一种基于AI技术的创作工具，可以让创作过程变得更加有趣和便捷。下面从3个方面来具体介绍Midjourney。

1. 技术原理

（1）技术原理：Midjourney基于人工智能技术，通过生成对抗网络（GAN）算法来生成图像。GAN算法主要由两个部分组成，分别是生成器和判别器。生成器的任务是生成图像，而判别器的任务是对生成的图像进行评估和区分。两个部分相互博弈，不断迭代，从而让生成的图像越来越真实和逼真。

（2）生成器：生成器是GAN算法的重要组成部分，它的任务是生成图像。生成器通过学习一些样本图像来生成更多的新图像。生成器会不断地生成新图像，直到判别器无法判断哪些是真实的图像，哪些是生成的图像为止。

（3）判别器：判别器是GAN算法的另一个重要组成部分，它的任务是对生成的图像进行评估和区分。判别器会对生成器生成的图像进行评估，判断哪些是真实的图像，哪些是生成的图像。判别器的任务是让生成的图像越来越逼真，以至于人类难以分辨出它是否是真实的图像。

（4）迭代过程：生成器和判别器不断进行博弈，不断迭代，让生成的图像越来越真实和逼真。具体来说，生成器生成一些图像，判别器对这些图像进行评估和区分，然后给出反馈意见，生成器根据反馈意见进行调整，不断生成新的图像，直到生成的图像足够真实和逼真。

2. 应用场景

（1）广告设计：Midjourney可以为广告创意和宣传提供更多的素材和灵感。例如，广告公司可以使用Midjourney来生成各种不同类型的广告素材，包括但不限于海报、横幅、宣传单等。这将大大提高广告设计师的工作效率和创作效果，并为广告公司带来更多的商业价值。

（2）插画设计：Midjourney可以为插画创作者提供更多的素材和创作

灵感。例如，插画师可以使用 Midjourney 来生成各种风格的插图素材，包括但不限于手绘、卡通、水彩等。这将使插画师能够更加高效地完成创作。

（3）UI/UX 设计：Midjourney 可以为网页设计师提供更多的设计素材和构思。例如，设计师可以使用 Midjourney 来生成各种界面设计的图像素材，包括但不限于按钮、图标、背景等。这将帮助设计师更好地理解用户需求和产品特点，从而为 UI/UX 设计提供更多的创意和灵感。

（4）海报设计：Midjourney 可以为海报设计师提供更多的设计素材和构思。例如，海报设计师可以使用 Midjourney 来生成各种风格的海报设计素材，包括但不限于活动海报、电影海报、音乐会海报等。

（5）包装设计：Midjourney 可以为包装设计师提供更多的设计素材和构思。例如，包装设计师可以使用 Midjourney 来生成各种包装设计素材，包括但不限于包装盒、瓶子、罐子等。

（6）游戏原画设计：Midjourney 可以为游戏开发者和设计师提供更多的设计素材和构思。例如，游戏开发者可以使用 Midjourney 来生成各种游戏场景的原画设计素材，包括但不限于游戏场景、角色设计等。使用 Midjourney 将能帮助开发者加速游戏开发的进度，并提高游戏的质量和多样性。

（7）建筑设计：Midjourney 可以为建筑设计师提供更多的设计素材和构思。例如，建筑设计师可以使用 Midjourney 来生成各种建筑设计素材，包括但不限于建筑外观、内部布局、景观设计等。使用 Midjourney 能够帮助建筑设计师更加高效地完成创作，并为其创作提供更多的创意。

9.1.2　Midjourney 怎么使用

Midjourney 是基于 Discord 平台开发的，因此使用 Midjourney 需要先注册 Discord 账号并订阅相关 Midjourney 的使用套餐。

Midjourney 的使用非常简单，只需要在对话框中输入指令 "/imagine"，并填写绘画提示词，即可生成对应的图像。

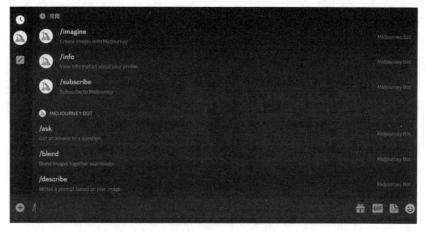

不过，生成的图片是否符合需求与填写的绘画提示词密切相关。这意味着，填写的绘画提示词需要准确地描述所需的图像，否则生成的图像可能无法满足用户的需求，具体示例如下。

反面案例：/imagine roasted chicken

正面案例：/imagine roasted chicken, food photography, award winning magazine cover --v 4 --q 2

从以上正反案例的对比中可以看出，正面案例生成的图片比反面案例生成的图片内容更加丰富。正面案例中的关键词不但给出了绘画主题，而且给出了绘画参数，比如限定食物照片获奖杂志封面、质量等。因此，正面案例中的图片信息更加丰富。

同时，使用者对于行业知识的理解程度也会影响生成图像的质量。例如，对于建筑行业而言，只有具备一定的建筑知识和经验的专业人士才能够准确地描述建筑图片的特征和细节，才能让生成的图片更符合实际需求。同样地，对于摄影师而言，他们需要了解什么样的图片能作为参考，才能填写准确的绘画提示词，从而获得所需的图像。

因此，对于 Midjourney 的使用者而言，需要具备一定的行业知识和经验，才能更好地利用 Midjourney 生成图像。此外，还需要注意填写绘画提示词的准确性，以确保生成的图像符合实际需求。

在工作中，我们常常会遇到图文问题，此时，我们可以将 ChatGPT 和 Midjourney 结合起来使用。

9.2 ChatGPT如何与Midjourney结合使用

为了解决Midjourney在使用上的痛点，可以通过ChatGPT生成绘画提示词，这样使用者可以更快速、准确地获取想要的图像，进而提高工作效率和图像质量。

9.2.1 用ChatGPT迅速上手Midjourney

为了让新手快速掌握Midjourney的应用，下面结合ChatGPT进行讲解。

1. 通过 ChatGPT 生成 Midjourney 提示词

对于Midjourney官方提供的Prompts，我们对其进行总结。

（1）提示长度应该越具体越好，避免过短或过长的提示。

（2）使用更具体的同义词可以提高生成效果，同时要使用逗号、括号和连字符分开单词。

（3）尽量具体和清楚地描述重要的背景和细节，考虑主题、媒介、环境、灯光、颜色、心情和组成等方面。

（4）使用集合名词或具体数字可以提高效果。

在用ChatGPT为Midjourney提供绘画提示词时，我们可以根据以上几点总结出ChatGPT所需的提示词。

Prompts 假如你是一个［设计领域］设计师，请你用文本描述［画面描述］这个［图片主题］，并根据下面文本规范回答。

📝 案例：Midjourney 的绘画提示词

> 💬 提问： 假如你是一个插画设计师，请你用文本描述森林公主这个人物，并根据下面文本规范回答。
>
> 　　1. 文本长度应该越具体越好，避免过短或过长的提示。
>
> 　　2. 使用更具体的同义词可以提高生成效果，同时要使用逗号、括号和连字符分开单词。
>
> 　　3. 尽量具体和清楚地描述重要的背景和细节，考虑主题、媒介、环境、灯光、颜色、心情和组成等方面。

4. 使用集合名词或具体数字可以提高效果。

◎ **回答：** 森林公主是一个年轻美丽的女孩，她拥有长长的金发和翠绿色的眼睛，穿着一件柔软的棕色皮革连衣裙和棕色皮革靴子。她身边环绕着一些小动物，如松鼠、兔子和鸟类，似乎她和这些动物都有一种亲密的联系。她站在森林中的一棵大树旁，微笑着，似乎在享受大自然的美妙。

⌒ **提问：** 将上面的话翻译为英文。

◎ **回答：** The Island Princess is a young and beautiful girl with long golden hair and emerald green eyes. She is dressed in a soft brown leather dress and brown leather boots. Small animals such as squirrels, rabbits, and birds surround her, as if she has a close connection with them. She stands beside a large tree in the forest, smiling and seemingly enjoying the beauty of nature.

然后将这段提示词输入 Midjourney 即可得到下面的图。

如果只输入简单的关键词"森林公主"（The Island Princess），Midjourney 生成的图片可能与插画的主题不符，如下图所示，所以，输入 Midjourney

的绘画提示词要详细具体。

2. Midjourney 通用案例公式

尽管 Midjourney 这一 AI 绘画工具已经被很多企业、个人所熟练应用，但它还属于发展早期，所以对于绘画提示词也没有统一的规范。然而，为了提高 Midjourney 生成图片的准确性，可以套用以下公式，主要分为 5 个部分，可根据需求进行组合使用。

画面主题＋环境描述＋构图方式＋参考方向＋图像参数

（1）画面主题：使用"主语＋谓语＋宾语"描述画面中的人或场景。

（2）环境描述：描述氛围、场景、光感及光线和背景的颜色等。

（3）构图方式：确定物体或人物的位置、景深（全景、中景、特写等）及角度（仰角、平视等）。

（4）参考方向：可以参考艺术家的名称、摄影师的名称、绘画风格（如波普艺术）和画面风格（如 3D、插画等）。

（5）图像参数：使用关键词（如 --ar、--s 等）来控制输出的比例、画面元素等。

案例：套用公式生成绘画提示词

> 提问：请你帮我描述一个画面，画面的主题是汉堡包在餐厅的桌子上，

并根据该要求描述图片，写为一段话，要求主要分为 4 个部分。

　　1. 画面主题：使用"主语 + 谓语 + 宾语"描述画面中的人或场景。

　　2. 环境描述：描述氛围、场景、光感及光线和背景的颜色等。

　　3. 构图方式：确定物体或人物的位置、景深（全景、中景、特写等）及角度（仰角、平视等）。

　　4. 参考方向：可以参考艺术家的名称、摄影师的名称、绘画风格（如波普艺术）和画面风格（如 3D、插画等）。

回答： 在这张画面中，汉堡包被放置在一张餐厅的桌子上。餐厅中的人们似乎都在享用美食，但画面的主体是这个汉堡包，它占据了整个画面的中心位置。

　　环境描述中，画面背景是比较模糊的，看起来是餐厅的室内环境，可能是灯光昏暗的晚上。光线似乎是从画面的右侧进入的，突出了汉堡包的轮廓和细节。背景颜色可能是深棕色或深灰色，强调了画面中汉堡包的色彩鲜艳度。

　　构图方式中，画面采用了中景的构图方式，汉堡包的大小和细节非常清晰，但是仍能看到一些餐厅的细节和人群的轮廓。画面视角是平视的，让我们感受到和汉堡包在同一高度的位置。

　　这张画面风格可能更像是商业摄影或广告摄影，强调了汉堡包的细节和美食的诱人程度。如果要参考艺术家，可能会想起一些著名的商业摄影师，如 Annie Leibovitz 或 Helmut Newton，他们的作品也经常出现在广告中。

提问： 将上面的话翻译为英文。

回答： In this picture, a hamburger is placed on a table in a restaurant. People in the restaurant seem to be enjoying their meals, but the focus of the picture is the hamburger, which occupies the center of the frame.

　　In terms of the environment, the background is blurred

and appears to be the interior of the restaurant, possibly in dim lighting at night. The light seems to be entering from the right side of the frame, highlighting the contours and details of the hamburger. The background color may be a dark brown or deep gray, emphasizing the vivid colors of the hamburger.

The composition features a mid-range framing, where the hamburger is clear in size and detail, but some details of the restaurant and the contours of the people can still be seen. The perspective is eye-level, placing us at the same height as the hamburger.

The style of this picture is more akin to commercial photography or advertising, emphasizing the details of the hamburger and the allure of food. If we were to reference an artist, we might think of famous commercial photographers such as Annie Leibovitz or Helmut Newton, whose work is often seen in advertising.

接下来，只需将英文提示词复制并粘贴到Midjourney中，即可获得符合要求的图片。

　　而如果直接输入"汉堡包在餐厅的桌子上"，可能会生成如下图片，可发现生成的图片的指向性、质量不会很高，因为提示词过于简单。由此可见提示词的重要性。

3. AIPRM

　　接下来我们介绍针对 ChatGPT 搭建的 GPT 插件，叫"AIPRM"，里面有非常多 ChatGPT 的提示词。我们只需要输入简单的主题关键词，它就可以根据这个关键词获取已经预设好的完整提示词，降低了我们使用 ChatGPT 的门槛。

　　在 Google 插件应用商店下载该插件后，打开 ChatGPT 即出现该页面，选择 Midjourney Prompt Generator。

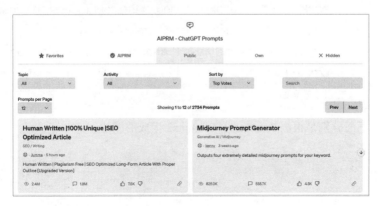

ChatGPT 的输入框的左上角就会出现 Midjourney Prompt Generator，在输入框中直接输入关键提示词即可。

例如，在输入框中输入之前提到的主题关键词"汉堡包在餐厅的桌子上"，则会得到以下提示词。

🔟 **提问：** 汉堡包在餐厅的桌子上。

⑤ **回答：** Prompt 1:

/imagine prompt: A mouth-watering cheeseburger on a wooden table with a checkered tablecloth, surrounded by crispy fries, a pickle, and a cold soda in a red cup, warm light casting soft shadows, Photography, shot with a Canon 5D Mark IV and a 50mm lens, --ar 1:1 --v 5

Prompt 2:

/imagine prompt: A delicious burger and fries combo on a metal tray in a fast-food restaurant, with a blurred background of people ordering at the counter and chatting, bright overhead lights casting harsh shadows, emphasizing the fast-paced and casual atmosphere, Digital painting, created with Adobe Photoshop using a Wacom tablet, --ar 1:1 --v 5

下面分别是根据 Prompts1、Prompts2 生成的图片。

| Prompts 1 | Prompts 2 |

在掌握了 Midjourney 的对话指令后，我们还更准确地控制绘画提示词，以获得更符合需求的图像。为此，我们需要了解特定领域可能会出现的英文单词，以控制绘画提示词的准确性。以下这组提示词可以帮助我们快速找到绘画所需的关键词。

Prompts 请你帮我做一个表格，第一列是 [主题]，第二列是第一列的英文翻译，第三列是对第一列内容的描述。

> 🔟 **提问：** 请你帮我做一个表格，第一列是发型名称，第二列是第一列的英文，第三列是对第一列内容的描述。

⑥ 回答：

发型名称	英文	描述
短发	Short hair	发型长度在肩膀上方，通常会露出脖子和耳朵
长发	Long hair	发型长度超过肩膀，可以延伸到背部或腰部
波浪发	Wavy hair	发型呈现出自然的波浪形状，通常需要使用卷发棒才能打造出来
直发	Straight hair	发型呈现出笔直的形状，通常需要使用直发器或是风筒才能打造出来

续表

发型名称	英文	描述
卷发	Curly hair	发型呈现出明显的卷曲形状，通常需要使用卷发棒才能打造出来
中分发	Center parting	头发分割在中间，两边长度相等
偏分发	Side parting	头发分割在一侧，通常会露出一边的耳朵
编发	Braids	头发被编成不同的形状
马尾	Ponytail	头发被束在脑后，形成一个高高的发髻

通过输出该发型列表，当需要对人物的发型进行设计时即可准确描述了，下面使用同一组提示词来检验效果：

女模特，美丽，23 岁，可爱，多彩，古怪，对称的脸，清晰的肤色，富有表现力的眼睛，详细的嘴巴，详细的耳朵，略微倾斜的头，街头风格，在柯达黄金 200 --s 300 --v 5 上拍摄（A female model, beautiful, 23 years old, cute, colorful, quirky, symmetrical face, clear complexion, expressive eyes, detailed mouth, detailed ears, slightly tilted head, street style, shot on Kodak Gold 200 --s 300 --v 5）

这里只改变发型描述，以"波浪发/Wavyhair"和"编发/Braids"作为区别，如右图所示。

波浪发/Wavyhair

编发/Braids

　　类似地，你也可以通过这个方法生成不同的提示词表格，如不同的胶片类型来控制生成图片的质感、不同的插画风格来控制图片的样式。

9.2.2　三大应用场景

　　通过前面的学习，我们了解了如何使用 ChatGPT 的插件和提示词辅助 Midjourney 生成优质的图片。接下来，我们将学习如何将这两个 AI 软件应用到具体的场景中。

1. 海报设计

　　Midjourney 可以为海报设计师提供更多的设计素材和构思。例如，海报设计师可以使用 Midjourney 来生成各种风格的海报设计素材，包括但不限于活动海报、电影海报、音乐会海报等。

　　第一步：通过 ChatGPT 了解海报设计需要什么信息。

> 提问：　请问我如果要设计一个海报，需要提供什么信息。

> 回答：　如果您要设计一个海报，以下是一些可能需要提供的信息。
>
> 　　　　1. 主题：海报的主题是什么？这将帮助确定需要在海报上展

示什么样的图像和文本内容。

2. 时间和地点: 如果海报是为一个特定的活动或事件而设计的, 那么您需要提供活动的时间和地点。

3. 标语/口号: 标语或口号可以帮助传达您的信息, 激发人们的兴趣, 并吸引他们的注意力。

4. 图像: 在海报上使用图像可以增加视觉效果, 并帮助吸引人们的眼球。您需要确定哪些图像适合您的主题, 并确保它们是高分辨率的。

5. 正文信息: 除了标语和图像, 您可能需要提供更详细的信息, 例如, 活动的详细说明、门票价格、赞助商信息等。

6. 联系方式: 如果人们需要了解更多信息或购买门票, 您需要在海报上提供相关的联系方式, 例如, 电话号码、电子邮件地址或网站链接。

请注意, 在设计海报时, 要确保所有信息都清晰易懂, 并使用易于阅读的字体和颜色。同时, 注意海报的布局和设计应与您的主题和目标受众相匹配。

第二步: 利用 ChatGPT 的上下文功能, 将需求描述给 ChatGPT。

🔟 **提问:** 请你根据这个需求, 模拟一个音乐节海报需求给我。

回答: 好的, 以下是一个模拟的音乐节海报需求。

主题: 夏日音乐狂欢节

这将是一个户外音乐活动, 庆祝夏季的到来, 展示各种音乐类型和表演。

日期: 7 月 15 日—7 月 17 日

地点: xx 路

标语/口号: Feel the Beat! 热情, 活力, 激情!

这个标语可以表达音乐节的气氛, 激发人们的兴趣, 并吸引他们的注意力。

图像：

活力满满的人群在看台上的音乐人表演

这些图像可以增加视觉效果，吸引人们的眼球。

正文信息：

- 活动时间表，包括各个演出艺术家的演出时间
- 门票价格，分为单日票和三日通票，还有 VIP 票
- 衣物建议，提醒人们在户外音乐活动中穿着舒适和防晒的
衣物
- 赞助商信息，感谢赞助商对音乐节的支持

联系方式：

- 电话号码：555-××××
- 电子邮件地址：info@summermusicfestival.com
- 网站链接：www.summermusicfestival.com

希望这个模拟的音乐节海报需求可以对您有所帮助！

通过该方法，ChatGPT 生成了海报的主要信息，如主题、标语 / 口号、正文信息等；同时 ChatGPT 还生成了图像描述，如"活力满满的人群在看台上的音乐家表演"。

第三步：将图片描述信息输入 Midjourney 生成图像。

在将 ChatGPT 生成的图像描述信息翻译为英文后，可直接输入 Midjourney。

因为海报常用的比例为 3:4，所以在提示词结尾增加"-- ar 3:4"，示例如下。

```
A vibrant crowd, Musicians performing in the stands --ar
3:4 -
```

对 Midjourney 输入以上绘画提示词后，则会生成如左下图所示的图像。再对海报需要的其信息通过设计软件进行添加，即可得到右下图。

2. 包装设计

Midjourney可以为包装设计师提供更多的设计素材和构思。例如，包装设计师可以使用Midjourney来生成各种包装设计素材，包括但不限于包装盒、瓶子、罐子等。

📑 案例：使用 Midjourney 生成咖啡包装设计

💬 提问： 我如果要设计一个包装，请问需要提供什么信息？

💬 回答： 如果您要设计一个包装，您需要提供以下信息。

　　1. 产品信息：您要包装的产品是什么？它的尺寸、重量、形状和材质是什么？

　　2. 目标受众：您的目标客户是谁？他们的年龄、性别、教育程度、收入和地理位置等信息是什么？

　　3. 竞争对手信息：您的产品有哪些竞争对手？他们的包装设计是什么样的？您的设计需要与他们有所不同以吸引消费者。

　　4. 品牌信息：您的品牌是什么？它的定位、价值观和风格是什么？您的设计需要与品牌形象相符。

5. 包装功能: 您的包装需要具备什么功能? 例如, 保护产品、便于携带或展示产品等。

6. 费用预算: 您的包装设计需要满足什么预算要求? 这将影响您选择的材料和制作方式。

7. 法规要求: 您的包装设计需要符合哪些法规要求? 例如, 食品、化妆品和医疗器械等产品需要符合特定的标准。

8. 营销需求: 您的包装设计需要满足什么营销需求? 例如, 展示产品特点、增强品牌形象或吸引消费者的注意力等。

提供以上信息可以帮助设计师更好地了解您的需求, 从而设计出符合您需求的包装设计。

提问: 请你根据这个模板, 模拟一个咖啡包装设计需求文案给我。

回答: 好的, 我可以根据您的需求模拟一个咖啡包装设计的需求。

1. 产品信息: 我们要包装的是一种名为"醇香拿铁"的咖啡, 其容量为 200ml, 采用纸质杯身、塑料盖子和纸质包装套。

2. 目标受众: 我们的目标客户是城市里年轻的上班族和学生, 年龄为 18 ~ 35 岁, 对咖啡有一定的认知和需求。

3. 竞争对手信息: 我们的竞争对手有一些大型咖啡连锁店, 他们的包装设计以简洁、时尚为主。我们需要设计一个吸引消费者目光的独特包装。

4. 品牌信息: 我们的品牌是"拿铁咖啡馆", 定位为年轻、时尚、创新的咖啡店, 我们希望我们的包装设计能够体现出品牌形象。

5. 包装功能: 我们的包装需要具备保护咖啡的功能, 同时方便消费者携带和饮用, 而且要让消费者能够清晰地看到咖啡的颜色和质地。

6. 费用预算: 我们的包装设计预算在 5000 美元以内, 预算包括包装设计和印刷成本。

7. 法规要求: 我们的包装需要符合 FDA 等相关机构对于食品

安全的法规要求。

　　8. 营销需求：我们的包装设计需要能够吸引消费者的注意力，展示出咖啡的特点和品质，同时要与我们的品牌形象相符合。

提问： 请根据需求给我包装设计方案。

回答： 根据这些信息，我们可以设计出一款时尚、简洁、独特的咖啡包装设计。例如，我们可以采用深蓝色作为包装的主色调，用白色的线条和文字突出品牌的名称和咖啡类型，并在杯身上印上我们品牌的标志，以增强品牌的辨识度。此外，我们可以采用透明的材料制作盖子和包装套，让消费者能够清晰地看到咖啡的颜色和质地。这样的设计既满足了包装的功能需求，又符合了营销需求，能够吸引目标受众的注意力，增强品牌形象。

　　从最后的回答可以看到有关包装设计的描述："采用深蓝色作为包装的主色调，用白色的线条和文字突出品牌的名称和咖啡类型，并在杯身上印上我们品牌的标志，以增强品牌的辨识度。此外，我们可以采用透明的材料制作盖子和包装套，能够让消费者清晰地看到咖啡的颜色和质地。"

　　然后用ChatGPT将生成的包装设计方案翻译为英文：Using dark blue as the main color of the package, using white lines and text to highlight the name of the brand and the type of coffee, and printing the brand's Logo on the cup to enhance the brand's recognition. In addition, lids and sleeves can be made of transparent materials, so that the color and texture of the coffee can be clearly seen.

　　再将翻译的英文提示词输入Midjourney，即可得到如下图所示的图像。

3. UI/UX 设计

Midjourney可以为设计师提供更多的设计素材和构思。例如，设计师可以使用Midjourney来生成各种界面设计的图像素材，包括但不限于按钮、图标、背景等。这将帮助设计师更好地理解用户需求和产品特点，从而为UI/UX设计提供更多的创意和灵感。

📑 案例：使用 Midjourney 生成 UI/UX 设计

💬 提问：　我如果要设计一个UI/UX设计，请问需要提供什么信息。

⑤ 回答：　如果您要设计一个UI/UX设计，以下是一些您可能需要提供的信息。

　　　　1. 目标受众：您的设计的目标用户是谁？他们的年龄、性别、地理位置、兴趣爱好等分别是怎样的？

　　　　2. 目标市场：您的设计针对哪个市场？这个市场的文化背景、语言等是怎样的？

　　　　3. 功能需求：您的设计需要什么功能？例如，注册、登录、搜索、购物车、付款等。

　　　　4. 界面要素：您希望您的设计看起来如何？颜色、字体、图标、按钮、菜单等。

5. 用户流程：您希望用户在使用您的设计时经历的流程是什么？用户需要如何操作才能完成任务？

6. 参考设计：您是否有任何可供参考的设计或网站？

7. 品牌信息：如果您的设计是为一个品牌服务的，您需要提供该品牌的标识、品牌颜色、口号、品牌故事等信息。

8. 设计期望：您希望您的设计达到什么目标？是否希望提高用户满意度、提高销售额、提高用户转化率等？

以上是设计 UI/UX 需要考虑的一些要素，提供这些信息将有助于设计师更好地了解您的需求和期望，更好地实现您的愿景。

提问： 请你根据这个模板，模拟一个教育网站设计需求文案给我。

回答： 好的，以下是一个教育网站的模拟设计，基于您提供的需求和信息进行设计。

1. 目标受众：该教育网站主要面向学生、家长和教育工作者，年龄段在 5~50 岁。

2. 目标市场：该教育网站主要面向英语为第二语言的国家和地区。

3. 功能需求

• 首页：提供简洁明了的导航菜单和搜索框，介绍该网站的主要功能和特色，并展示推荐课程和讲师。

• 课程页面：分类清晰的课程目录，包括课程名称、教师、难度等信息，学生可以选择并购买感兴趣的课程。

• 讲师页面：介绍网站内的讲师和他们的教育背景、经验和教学特色，学生可以根据自己的需求选择适合自己的讲师。

• 学生个人中心：学生在登录后可以访问个人中心，查看已购买课程、学习进度、收藏课程、考试成绩等信息。

• 家长个人中心：家长在登录后可以访问个人中心，查看子女的学习情况、购买课程和学习报告等信息。

• 教育工作者个人中心：教育工作者在登录后可以访问个人

中心，发布自己的教育课程、管理课程和查看学生的学习情况等信息。

4. 界面要素：主题色调以深蓝色为主，醒目的黄色作为辅色。使用现代感强的字体和简洁明了的图标、按钮等，营造出专业、高效的学习氛围。

5. 用户流程：学生进入网站后可以在首页或课程页面浏览感兴趣的课程并购买，然后在学生个人中心查看已购买课程和学习进度。家长可以在首页或讲师页面选择合适的讲师和课程为子女购买，然后在家长个人中心查看子女的学习情况和学习报告。教育工作者可以在个人中心发布自己的教育课程和管理学生的学习情况。

6. 参考设计：可以参考国内外知名的在线教育网站，如 Coursera、edX、中国大学 MOOC 等。

7. 品牌信息：该教育网站品牌名称为"EduZone"，品牌标识是简洁的字母组合，字母"E"和"Z"交叉排列，突出网站的主题和特色。品牌颜色以深蓝色为主，突出专业和高效的形象。口号为"探索学习的乐趣"，强调学习不仅是获取知识，更是一种享受和探索的过程。

8. 设计期望：该教育网站的设计旨在提供一个全面、高效、方便的在线教育平台，使学生、家长和教育工作者可以方便地选择和购买自己需要的课程、讲师和资源。同时，该网站也致力于提供优质的教育内容和服务，提高学生的学习成效和兴趣。

ChatGPT 在最后的回答中提到了界面要素：主题色调以深蓝色为主，醒目的黄色作为辅色。使用现代感强的字体和简洁明了的图标、按钮等，营造出专业、高效的学习氛围。

同样，需要将这段话用 ChatGPT 翻译为英文，不同的是需要增加 "UI/UX" 的提示词，防止 Midjourney 不能正确输出：The theme color is mainly dark blue, with striking yellow as a secondary color. Use modern fonts and clear icons, buttons, etc. to create a professional and efficient learning atmosphere，UI/UX.

　　将翻译后的英文提示词输入Midjourney，即可得到如下图所示的结果。可见，用ChatGPT结合Midjourney不但可以提供创意，还能大大提高我们的工作效率。

## 第 10 章

结合 AI 软件成为视频赛道领头羊

本章将介绍用ChatGPT结合视频剪辑软件（如剪映和度加）来自动化制作短视频和长视频，同时也会介绍如何利用配音软件和D-ID软件来打造全年无休的数字人，并结合Midjourney软件进行创意输出，从而成为视频赛道的领头羊。

10.1 AI全自动生产视频

随着短视频时代的到来，视频内容已成为用户获取信息和娱乐的主要方式，是很多人日常生活的一部分。

在这样的背景下，高效产出视频成了市场需求。而利用ChatGPT和剪辑软件（如剪映和度加），则可以全自动生产视频，从而实现高效产出视频的目标，让你在视频赛道中领先一步。

10.1.1 自动剪辑软件

1. 剪映

剪映是一款视频编辑软件，提供了丰富的视频编辑功能，如视频剪辑、音频剪辑、视频调色、视频特效等。此外，还有"图文成片"功能，这个功能可以将文字和图片转化为视频，让用户更加方便地制作出高质量的视频。

在使用"图文成片"功能时，用户可以选择"自定义输入"或粘贴链接来编辑文字和图片。用户可以在编辑界面选择文字的字体、大小、颜色、样式等，也可以上传自己的图片或使用剪映提供的素材库中的图片。编辑完成后，用户可以选择视频的尺寸和长度，还可以为视频添加音乐、动态字幕等。视频编辑完成后，用户可以导出视频，分享到社交媒体上，与大家分享自己的创意和想法。

2. 度加剪辑

度加剪辑是一款由百度官方出品的视频剪辑软件，旨在打造简洁、好用的视频剪辑工具，降低泛知识类作者的创作门槛，助力生产优质的作品。度加剪辑拥有简单好用的剪辑能力，用户可以快速完成视频的裁剪、拼接、调色、添加字幕、添加音乐等操作，让创作者可以更加专注于创意和内容的表达。

度加剪辑还拥有高效准确的智能识别字幕能力，可以在视频中自动识别出字幕并进行智能修正。此外，度加剪辑还与百度网盘合作，支持下载并导入网盘素材，让用户可以更加方便地进行素材管理和使用。

与剪映类似，度加剪辑也有"文字成片"的功能，它可以将视频中的文字、图片、音乐等素材自动转化为一个完整的视频。用户可以在编辑界面选择文字和图片的样式，调整视频尺寸和长度，添加音乐和字幕等元素，最后导出高质量的视频。

10.1.2 用ChatGPT结合剪辑软件自动生成视频

ChatGPT在生成文案方面具有独到的优势，视频剪辑软件在生成视频方面具有独到的优势，如果将ChatGPT与视频软件相结合，则可高效产出视频。这里以剪映为例进行讲解。

第一步，通过ChatGPT生成短视频文案。

🔟 **提问：** 请你按抖音的风格和要求写一个短视频文案，视频的主题是"张飞的故事"。

1. 面向人群是对故事感兴趣的 30 ~ 50 岁的男性。

2. 以第一人称"爱故事的老陈"的口吻讲述。

3. 视频长度为 2 分钟。

抖音的文案风格

1. 非常吸引眼球的标题：对比式，如月薪 3 千和月薪 3 万的人区别在哪里；数字型，如三招教会你如何瘦身。

2. 对观众的称呼：家人们、朋友们。

3. 采用流行的网络用语和表情符号，突出视频的独特风格和特色。

4. 多用口播，以第一人称视角讲文案，个人 IP 强

🌀 **回答：** ［视频打开，场景设置：一个中年男子坐在书房的桌子前，手里拿着一本书］

嗨，家人们，我是爱故事的老陈。

今天我要给你们讲一个关于三国时期蜀汉名将张飞的故事。

相信很多朋友们都听过关于张飞的英勇事迹，但你们是否知道，张飞还有另一面？

故事是这样的，当时张飞为了保护自己的家人，离开了刘备。他孤身一人，独自面对所有的困难和挑战。

但是，他并没有因此放弃，反而更加努力地练习武艺，为保护自己的家人不断地寻找机会。

直到有一天，他听到了一只猎犬的叫声。他顿时想到，狩猎是一个不错的机会。于是他开始钻研狩猎技巧，并且不断地训练自己的耐力和反应力。

这样的日子一天天过去，直到有一天，他终于有机会去拯救自己的家人。他不再是当年那个只会用拳头的张飞，而是一个武艺高强的张飞。

最终，他成功地保护了自己的家人，并且以自己的勇气和实

力，成为历史上蜀汉名将的代表人物之一。

　　家人们，这就是张飞隐藏在历史中的另一面。他不仅是一个英勇的将军，而且是一个努力不懈的人。他的故事告诉我们，只要有信念和毅力，就可以克服一切困难。

　　这就是今天我要和大家分享的故事，希望你们能够从中汲取力量，继续前行。

　　[视频结束，画面切回老陈手拿着书本的场景]

第二步，通过剪映的"图文成片"功能生成视频。

打开剪映软件，单击"开始制作"按钮。

打开"图文成片"对话框，将前面用 ChatGPT 生成的短视频文案复制粘贴到该对话框中，并单击右下角的"生成视频"按钮。

第三步：几分钟内即可生成短视频。

单击"生成视频"按钮之后，等待几分钟即可看到剪映已自动生成了短视频。

10.2 打造全年无休的数字人

数字人是指基于人工智能技术，模拟真实人类的思维、情感和行为，能够与人类进行自然交互的一种虚拟人形象。其应用领域非常广泛，比如以下几种。

• 智能客服：数字人可以作为企业客服的智能代表，通过自然语言处理和情感识别技术，为用户提供高效、便捷、个性化的服务。

• 教育培训：数字人可以作为教育培训领域的虚拟老师或辅导员，为学生提供个性化的学习服务和情感支持。

• 文化娱乐：数字人可以作为虚拟演员或歌手，为观众提供独特的娱乐体验和情感共鸣。

• 虚拟主播：数字人可以作为虚拟主播，参与直播、短视频等内容制作和传播。通过数字人的语音、肢体表现等方式，让用户更好地参与互动，提高用户的观看体验和黏性。

总之，数字人的应用领域非常广泛，未来有望成为人类社会智慧化、智能化的重要载体和助手。

案例：结合 AI 软件打造数字人

如果我们想打造一个数字人形象，让它来主播视频，则可以节省很多人力、物力等成本。打造数字人形象的短视频，可分为三步：先用ChatGPT生成视频文案，再用Midjourney生成数字人的头像，最后再用D-ID软件生成短视频。下面以"ChatGPT对运营工作的影响"为主题，结合 3 个AI软件来自动生成视频。

第一步，用 ChatGPT 生成视频文案。

> ⌄⊙ **提问：** 请你撰写一段文案，主题是"ChatGPT对运营工作的影响"。

> ⊚ **回答：** ChatGPT是一种基于人工智能技术的大型语言模型，它可以帮助企业在运营工作中发挥重要作用。ChatGPT通过自然语言处理技术，可以在自动化回答客户的问题、分析用户的反馈和行为、优化推广方案、提高客户满意度等方面发挥积极作用。
>
> 首先，ChatGPT可以帮助企业提高客户满意度。在客服方面，ChatGPT可以根据预设的规则和语料库自动回答一些常见的问题，比如商品的价格、配送时间等，减轻人工客服的压力。同时，ChatGPT也可以根据客户提出的问题进行智能推荐，帮助客户更快地找到需要的产品或服务，提高购买体验。
>
> 其次，ChatGPT可以帮助企业分析用户的反馈和行为，提高运营效率。通过对用户的留言、评论和行为进行自然语言处理和文本分析，ChatGPT可以自动提取用户的需求和痛点，帮助企业更好地了解客户。此外，ChatGPT也可以自动化地生成用户画像和行为分析报告，为企业提供更有针对性的运营决策。
>
> 最后，ChatGPT可以优化企业的推广方案，提高营销效果。

在营销方面，ChatGPT可以通过自然语言处理技术进行情感分析，帮助企业了解用户对产品或服务的评价，调整营销策略。同时，ChatGPT也可以自动化地生成关键词分析报告，帮助企业更好地了解用户的搜索需求和购买意愿，优化推广方案。

综上所述，ChatGPT可以在多个方面帮助企业优化运营工作，提高客户满意度、分析用户反馈和行为、优化推广方案等。随着人工智能技术的不断发展，ChatGPT的作用将越来越重要，为企业创造更大的价值。

第二步，用 Midjourney 生成 AI 绘画头像。

我们假设数字人是一个金发少女的形象，披着长发，穿着黑色毛衣。那么在提示词中需要表现出这些特征，然后，补充一些细节和图片参数，再将提示词输入Midjourney，即可得到想要的效果。

优化后的提示词如下：

Blonde teen portrait inspired by Marie-Gabrielle Capet and Joey King, long hair, dimples, black sweater, ultra-realistic rendering, cinematic color grading, shot on 22mm lens, deep depth of field, rich details, harmonious colors, ray tracing, high resolution, photography techniques, lighting effects, reflections, post-processing, CGI, and VFX

第三步，用 D-ID 生成视频。

（1）进入 D-ID 官网，在打开的页面中单击"Start now – it's free"
按钮。

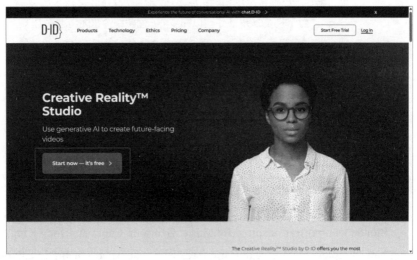

（2）进入新的页面，在左栏中单击"Create Video"按钮，即可进入创
建视频页面。

（3）再在页面下方单击"ADD"按钮，然后选择前面已经生成的金发女孩图片即可进行上传。

（4）当页面下方显示"Choose a presenter"，表示数字人图像已经成功上传。

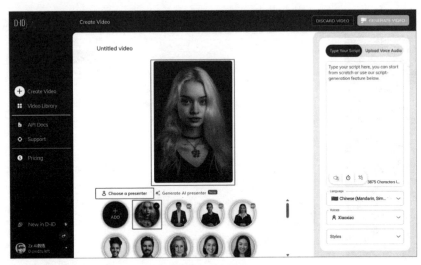

（5）在页面右侧选择短视频需要的语言。

（6）选择好语言后，将前面ChatGPT生成的文案复制到右侧面板中。

（7）单击页面右上角的"GENERATE VIDEO"按钮即可自动生成视频。

（8）在弹出的对话框中单击右下角的"GENERATE"按钮，等待一段时间，即可获得一段数字人的视频，数字人不仅会眨眼，而且嘴部动作会根据文字进行运动。

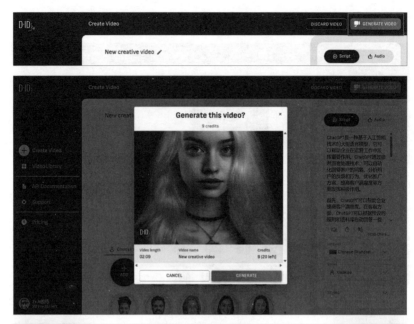

结合以上 3 个 AI 软件，我们可以打造属于自己的数字人，实现全年无休的自动化服务。虽然现阶段的数字人需要我们提供一定的数据和条件指令，但是随着人工智能技术的不断发展和应用，数字人将会越来越智能化、自主化，从而更加贴近人类智慧和情感。

第 11 章

ChatGPT配合办公软件让你成为职场超人

在职场中，PPT和Excel是经常被使用的办公软件。但是，PPT的制作过程往往比较烦琐，需要投入大量的时间和精力；而Excel中的复杂数据处理更是令人头痛。本章将介绍如何利用ChatGPT解决这些问题，让你成为职场上的超人！

11.1 让ChatGPT帮你做PPT

在职场中经常需要制作PPT。然而，许多人在制作PPT时都会遇到一些痛点。

（1）时间消耗：制作一个高质量的PPT需要花费大量的时间，包括选择主题、选取素材、调整布局、添加内容和配图等，这往往会让人感到疲惫和不耐烦。

（2）内容表达：即使制作了漂亮的PPT，如果内容表达不清晰，那么也无法达到预期的效果。因此，如何清晰地表达内容也是制作PPT的一大难点。

（3）设计风格：在制作PPT时，如果没有专业的设计技能，就很难做到视觉上的美观和统一。

（4）更新维护：当需要对PPT进行更新或修改时，需要重新排版和设计，会花费大量的时间和精力。

现在有了ChatGPT和其他AI制作工具，每个人都可以轻松制作PPT了，这不但能提高工作效率，还能获得竞争力。

11.1.1 ChatGPT加MINDSHOW自动设计PPT

在制作PPT时，使用ChatGPT和MINDSHOW的自动制作功能，能够自动设计并生成PPT。

1. MINDSHOW

MINDSHOW是一款基于AI技术的PPT自动制作工具，它可以根据用户提供的各种类型文本如Markdown、Word、logseq、幕布自动生成PPT幻灯片，大大缩短制作PPT的时间。

2. 制作演示

下面以Markdown代码为例来讲解如何用MINDSHOW来自动生成PPT。

第一步，使用ChatGPT输出Markdown代码。

Prompts 请你写一个PPT大纲和内容，主题是"[PPT主题]"，要求用Markdown代码的格式输出。

> 🔟 **提问：** 请你写一个PPT大纲和内容，主题是"AI对未来运营工作的影响"，要求用Markdown代码的格式输出。

🔘 **回答：** 以下是使用 Markdown 代码格式的 PPT 大纲和内容。

```Markdown
# AI对未来运营工作的影响
## 1. 概述
- AI（人工智能）是什么？
- AI在运营中的应用
- AI对未来运营工作的影响
## 2. 运营领域的应用
- 销售预测
- 货物管理
- 质量控制
## 3. AI对运营工作的影响
- 自动化和智能化
- 提高效率和准确性
- 降低成本和风险
## 4. AI对运营工作的挑战
- 数据质量和隐私问题
- 技术和人才短缺
- 战略和文化转变
## 5. 结论
- AI是未来运营工作的必要趋势
- 充分利用AI的优势，克服挑战，是成功的关键
```

　　第二步，将上述ChatGPT生成的Markdown代码复制粘贴到MINDSHOW输入框，并单击"导入创建"按钮。

第三步，在弹出的新页面的右下侧选择合适的模板与布局即可。

这样，一个简易的PPT就完成了。

11.1.2　AI赋能的PPT产品介绍

1. Gamma

Gamma是一款智能PPT设计工具，它运用先进的AI算法能够实现一键生成高质量的PPT。该工具提供了以下功能。

（1）模板替换：内置上百种PPT模板，用户只需选择自己喜欢的模板并上传内容，Gamma即可一键将内容套入模板，生成完整的PPT。

（2）特效制作：Gamma提供了多种酷炫的PPT动效、转场效果，甚至支持3D效果，用户只需一键点击即可为PPT增加各种特效。

（3）图像生成：用户只需输入简单的文字描述，Gamma即可自动生成高质量的图片并插入PPT中。这样不仅省去了用户搜寻图片的时间，而且提高了PPT图片的品质。

（4）数据可视化：Gamma可以自动将Excel表格中的数据转换成柱状图、折线图、饼图等可视化效果图，用户只需一键插入PPT，即可实现自动化的数据分析报告制作。

（5）A/B测试：用户可以输入多种PPT方案，Gamma会自动对这些方案进行A/B测试，并从点击率、停留时长等维度评估优劣，让用户选择数据最优的方案。

可以说，Gamma让PPT设计变得更加高效、简单，同时提升了PPT的颜值。它的出现将颠覆PPT设计行业，特别是在企业管理和商务场景下，Gamma会大大提高PPT的产出效率和品质，成为职场人不可或缺的工具。

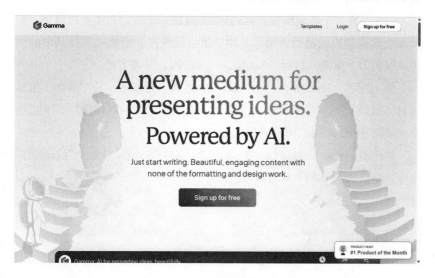

2. Motion Go

Motion Go 是一款专门用于 PPT 制作的 AI 工具，其插件 ChatPPT 是一款基于人工智能技术开发的 PPT 生成工具，它可以根据用户输入的信息自动化生成演示文稿。

相较于传统的手工制作方式，Motion Go 的 ChatPPT 具有更快的速度、更高的准确性和更好的一致性，因此备受欢迎。下面是 Motion Go 的 ChatPPT 的几个优势。

（1）提高制作速度。使用 Motion Go 时，只需输入基本信息，系统就可以自动化地完成演示文稿的制作，大大缩短了制作时间，提高了工作效率。此外，Motion Go 还是一款 PPT 动画插件，内置海量的 PPT 动画模板，可让用户快速制作出酷炫的 PPT。

（2）提高制作准确性。由于 Motion Go 采用人工智能技术，可以减少手动操作的错误和失误，保证演示文稿的准确性和一致性，让用户可以放心使用。

（3）让内容更加有条理。Motion Go 可以根据输入的信息自动生成演示文稿的框架和结构，让演示文稿的内容更加连贯、有条理，帮助演讲者更好地展示自己的思路和观点。

（4）内置 PPT 动画模板。Motion Go 内置了丰富的 PPT 动画模板，如发布会效果、快闪动画效果等，用户可以轻松嵌套模板并替换其中的图片或颜色等，只需几秒即可制作出完整的 PPT，非常方便。

综上所述，Motion Go 是一款高效、准确、有条理、易用的 PPT 生成工具，可以为用户带来更高效的工作体验和更丰富的制作选择。下面将演示如何使用 Motion Go 生成 PPT。

第一步，登录 Motion Go，在菜单栏中选择"Motion Go"→"ChatPPT"命令，将会出现下图所示的页面。

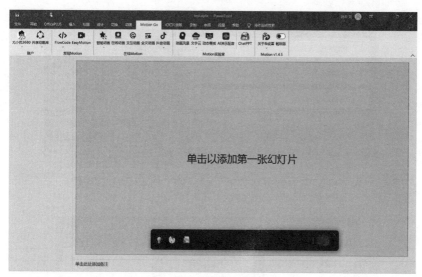

第二步，在对话框中输入想要制作的PPT的主题。

第三步，在系统生成的多个标题方案中选择自己想要的PPT标题。

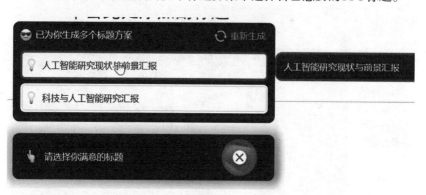

第四步，选择完标题之后需要选择PPT大纲。

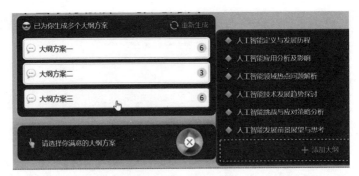

第五步，确定完大纲方案之后，再选择PPT内容丰富程度。

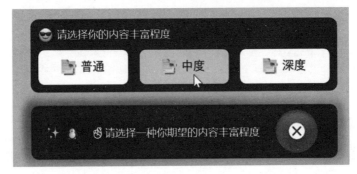

完成以上步骤之后，等待生成PPT即可。

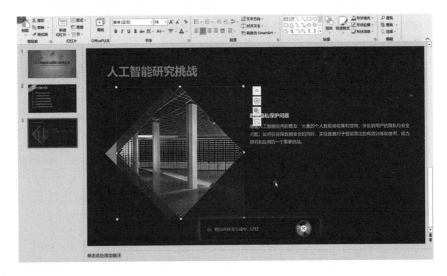

11.2／ 让ChatGPT帮你处理Excel表格

本节将介绍如何使用ChatGPT来处理Excel表格，包括生成表格、编写Excel函数和VBA代码等方面的内容。无论你是Excel新手还是有经验的用户，本节都将为你提供实用的技巧和工具，帮你更加高效地处理Excel表格。

11.2.1　处理Excel表格的痛点

在日常工作中，Excel表格是一种被广泛使用的工具，用于记录和处理各种数据。然而，在用Excel表格处理大量数据时也会有很多麻烦。以下是一些常见的Excel表格处理痛点。

（1）数据输入和编辑烦琐。当输入或编辑数据时，需要逐个单元格进行操作，如果数据量很大，那么时间和精力成本就会很高。

（2）数据校验和清洗不方便。在Excel表格中，进行数据校验和清洗需要手动筛选和过滤，容易出现错误。

（3）数据计算和统计烦琐。对于复杂的数据计算和统计，需要编写大量的公式和函数，增加了工作的难度和出错的可能性。

（4）数据可视化不直观。当需要将数据可视化展示时，Excel表格的图表功能虽然可以实现，但生成的图表可能不够直观、美观，需要不断尝试和调整。

11.2.2　利用ChatGPT处理Excel案例

1. 生成 Excel 表格

利用ChatGPT可以帮助我们快速生成基础表格，提示词如下所示。

Prompts　帮我做一份 Excel 表格，［表格内容、每一列的数据名称］，表格共［数字］行。

🔟 提问：　帮我做一份 Excel 表格，第一列是日期，第二列是销售人员，第三列是城市，第四列是面膜商品名称，第五列销售量，第六列是销售额，表格共 11 行。

回答： 以下是生成的 11 行 Excel 表格，您可以自行修改或替换数据。

日期	销售人员	城市	面膜商品名称	销售量	销售额
2023/5/1	张三	北京	祛痘面膜	50	2500
2023/5/2	李四	上海	保湿补水面膜	30	1500
2023/5/3	王五	广州	美白面膜	40	2000
2023/5/4	赵六	深圳	祛痘面膜	20	1000
2023/5/5	张三	北京	保湿补水面膜	60	3000
2023/5/6	李四	上海	美白面膜	45	2250
2023/5/7	王五	广州	祛痘面膜	35	1750
2023/5/8	赵六	深圳	保湿补水面膜	25	1250
2023/5/9	张三	北京	美白面膜	55	2750
2023/5/10	李四	上海	祛痘面膜	30	1500

2. 写 Excel 函数

这里可以基于上文生成的数据继续提问。

提问： 请你写一个计算销售额的 Excel 函数公式。

回答： 销售额可以通过以下 Excel 函数公式进行计算：

```
=销售量 * 单价
```

其中，销售量是指每种商品的销售数量，单价是指每个商品的售价。您可以在第四列中填入商品的名称，然后在另一个工作表中创建一个价格表，以便在此处引用相应的单价。例如，如果您的价格表位于 Sheet2 中，单价可以通过以下方式进行引用：
```
=VLOOKUP(D2,Sheet2!A:B,2,FALSE)
```

其中，D2 是指商品名称所在的单元格，Sheet2!A:B 是指价格表中包含商品名称和价格的两列，2 表示返回价格所在的第二列，FALSE 表示要精确匹配商品名称。将这个函数与销售量相乘，即可得到销售额。

可见，可以通过上下文直接让 ChatGPT 回答处理数据的函数公式"=VLOOKUP(D2,Sheet2!A:B,2,FALSE)"，降低了 Excel 函数的使用难度。

另外，如果你想要让 ChatGPT 告诉你的 Excel 数据处理思路，可以直接输入以下提示词。

(Prompts) 假如你是一位精通 Excel 的数据处理专家，现在需要你告诉我应该如何处理数据。[Excel 列表描述]，现在需要 [数据处理要求]。

🔟 提问：假如你是一位精通 Excel 的数据处理专家，现在需要你告诉我应该如何处理数据。表格第一列是日期，第二列是销售人员，第三列是城市，第四列是面膜商品名称，第五列销售量，第六列是销售额，现在需要对销售额进行求和。

---

⑤ 回答：如果您想对销售额进行求和，您可以使用 Excel 的 SUM 函数。下面是一些简单的步骤。

1. 在 Excel 中打开您的数据表格。

2. 单击单元格 F2 或其他您想要进行求和的单元格，然后输入 SUM 函数。

3. 在 SUM 函数中选择包含销售额数据的单元格区域。例如，您的销售额数据在 F 列，请输入"=SUM(F2:Fx)"，其中 x 是您数据表格中最后一行的行号。

4. 按下"Enter"键，您将看到在该单元格中出现销售额总和。

如果您希望更快捷地进行求和，您也可以使用 Excel 的自动求和功能。下面是一些简单的步骤。

　　1. 选中包含销售额数据的单元格区域。

　　2. 在Excel的工具栏中选择"数据"选项卡，然后单击"自动求和"按钮。

　　3. Excel将自动计算您选定单元格区域中的数值总和，并在右下角显示结果。

　　因此，你只需要描述清楚你的Excel表格组成，即可获得处理Excel的函数公式和计算思路。

3. 通过 ChatGPT 绘制数据透视表

　　如果我们对Excel透视表不熟悉，那么可以让ChatGPT来帮助我们，提示词如下。

Prompts 假如你是一位精通Excel的数据处理专家，现在需要你告诉我应该如何绘制数据透视表。[Excel列表描述]，现在需要[数据处理要求]。

> 🔟 提问： 假如你是一位精通Excel的数据处理专家，现在需要你告诉我应该如何绘制数据透视表。第一列是日期，第二列是销售人员，第三列是城市，第四列是面膜商品名称，第五列销售量，第六列是销售额。现在需要把数据用数据透视表做成扇形图来展示不同商品的销售额占比情况。

> 🌀 回答： 为了绘制数据透视表并生成扇形图，您可以按照以下步骤进行操作。
>
> 　　1. 在Excel中选择"插入"选项卡，然后选择"数据透视表"。
>
> 　　2. 在弹出的"创建数据透视表"对话框中，选择包含您数据的表或数据范围，并确保选中"我的数据包含表头行"复选框。然后单击"确定"按钮。
>
> 　　3. 在"数据透视表字段列表"中，将"日期""城市""销售人员""商品名称"字段拖动到"行"区域，并将"销售额"字段拖动到"值"区域。

4. 确保"值"区域中的"销售额"字段已经被设置为"总和"，而不是"计数"或其他选项。

5. 单击"数据透视表分析"选项卡中的"数据透视表选项"按钮，并选择"显示字段列表"选项。

6. 在"数据透视表字段列表"中，将"商品名称"字段拖动到"列"区域。

7. 在"数据透视表字段列表"中，选择"销售额"字段，在其右侧单击"值字段设置"。

8. 在"值字段设置"对话框中，选择"扇形图"选项卡，并将"值"字段设置为"销售额"。

9. 单击"确定"按钮，Excel 将自动生成一个扇形图，显示不同商品的销售额占比情况。

请注意，如果您的数据集非常大，可能需要进行其他处理，如过滤或分组，以确保数据透视表和扇形图能够正确反映您的数据。

可见，基于已有表格数据，你只要告诉 ChatGPT 需要根据什么数据进行数据处理，以及需要什么图表类型，即可获得绘制 Excel 图表的详细步骤。

4. 通过 VBA 代码处理 Excel 表格

在 Excel 中最难的部分之一就是 VBA 代码，但现在有了 ChatGPT，每个人都可以用其写 VBA 函数来处理复杂的 Excel 任务。

（Prompts）假如你是一位精通 Excel 的数据处理专家，现在需要告诉我应该如何通过 VBA 代码实现 [数据处理要求]。这是表格案例：[Excel 列表描述]。

> ⌨ 提问： 假如你是一位精通 Excel 的数据处理专家，现在需要告诉我应该如何通过 VBA 代码实现按照城市拆分表格到不同的工作表中。这是表格案例：

日期	销售人员	城市	面膜商品名称	销售量	销售额
2023/5/1	张三	北京	祛痘面膜	50	2500
2023/5/2	李四	上海	保湿补水面膜	30	1500

回答： 您好！要按照城市拆分表格到不同的工作表中，可以使用 Excel VBA代码来自动完成。下面是一个简单的VBA代码示例，可实现按照城市将表格分离到不同的工作表中。

```VBA
Sub SplitDataByCity()
    Dim wsData As Worksheet, wsCity As Worksheet
    Dim LastRow As Long, i As Long, j As Long
    Dim CityName As String

    '修改为您的原始表格工作表名称
    Set wsData = ThisWorkbook.Sheets("Sheet1")
    LastRow = wsData.Cells(Rows.Count, 1).End(xlUp).Row

    For i = 2 To LastRow '第一行为标题，从第二行开始循环
        CityName = wsData.Cells(i, 3).Value '获取城市名称

        '检查工作表是否存在
        On Error Resume Next '忽略错误
        Set wsCity = ThisWorkbook.Sheets(CityName)
        On Error GoTo 0 '重新启用错误处理

        '如果工作表不存在，则创建一个新工作表
        If wsCity Is Nothing Then
            Set wsCity = ThisWorkbook.Sheets.Add(
after:=ThisWorkbook.Sheets(ThisWorkbook.Sheets.Count))
            wsCity.Name = CityName
            '在新工作表中添加标题
            wsData.Rows(1).Copy wsCity.Range("A1")
```

```
      End If

    '将数据复制到城市工作表中
    j = wsCity.Cells(Rows.Count, 1).End(xlUp).Row + 1
    wsData.Range("A" & i & ":F" & i).Copy wsCity.
                  Range("A" & j)
  Next i
End Sub
      ```
```

上述代码对原始表格中的数据进行逐行循环处理，并按照城市名称将数据复制到对应的工作表中。需要注意的是，原始表格中第一行是标题行，数据从第二行开始。另外，如果对应城市的工作表不存在，则会自动创建一个新的工作表，并在工作表中添加标题行。

要使用上述代码，请将代码复制到Excel中的VBA编辑器中（快捷键为Alt+F11），并将"Sheet1"修改为您原始表格的工作表名称，然后执行代码即可。执行代码后，将在Excel中创建多个新工作表，每个工作表包含一个城市的数据。

希望这可以帮助到您！

这样，即使是完全不懂Excel处理的新手，也能通过 ChatGPT 使用 VBA代码来提高工作效率。相比于以往需要掌握操作技巧和记忆公式才能解决的 Excel问题，现在只需向ChatGPT提出问题并根据回答进行相应操作即可解决问题，无须掌握所有公式，极大地提高了工作效率。
```

第 12 章

用 ChatGPT 加插件助力个人能力提升

使用ChatGPT不仅可以自动生成文案和进行翻译，还可以结合其他插件进行更多工作。

本章将介绍 3 款ChatGPT插件，助力你在各个领域全面提升个人能力。

12.1 AIPRM：超好用的提示词插件

AIPRM是一款非常好用的ChatGPT提示词插件，目前下载量已达百万。本节将介绍如何正确使用AIPRM赋能个人能力提升。

12.1.1 AIPRM使用方法

AIPRM集成了上千种的预设ChatGPT指令，无论你是需要写视频文案、优化网站SEO，还是想找人聊天，都能通过它来实现。

下面将介绍这款插件的使用方法。

安装AIPRM插件后，即可在ChatGPT的页面中直接调用该插件，调用

AIPRM插件之后，ChatGPT的页面布局如下。

（1）第一行的分类栏：可以选择收藏的指令、AIPRM认证指令、公共指令、自己的指令及隐藏的指令。

（2）第二行的分类栏：首先是Topic（话题），包含了SEO、文案、市场营销等选项，将ChatGPT指令按行业分类方便用户选择；其次是Activity（活动），将Topic里面的细分领域做了分类；Sort By用于指令排序，用户可以选择最多人收藏、查看和最新更新3个选项；最后是一个搜索栏，作为指令的搜索引擎，方便用户迅速找到需要使用的指令。

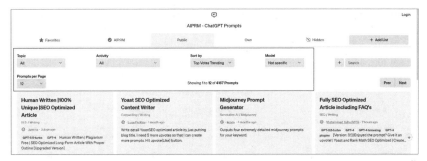

（3）中间部分为用户可以选择的ChatGPT指令，包含了指令名称、指令分类、上传者、上传时间、指令介绍、指令浏览量、评论量、点赞量和调转链接，用户直接单击后ChatGPT对话框就会出现对应的指令名称，你只需要输入你的需求，它就会直接根据提前设定好的指令优化ChatGPT的回答。这里选择了SEO，如下图所示。

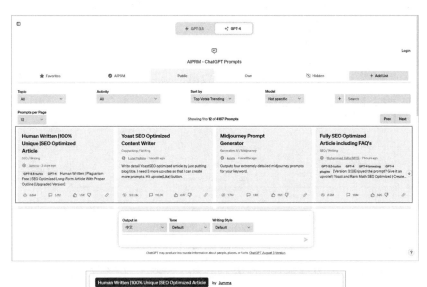

（4）最下层就是ChatGPT的对话框，AIPRM提供了3个选项，即Output in、Tone、Writing Style。其中，Output in指ChatGPT的回答语言

选择，可以选择英语、汉语、日语等；Tone 指 ChatGPT 的回答语气，可以选择回答的语气是常规、情绪化等；Writing Style 指 ChatGPT 的回答写作风格，可以诗意、古风等。

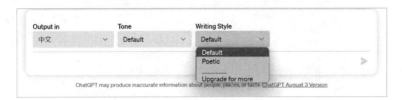

12.1.2　AIPRM使用演示

下面介绍 AIPRM 插件的使用，案例如下。

🖳 案例：SEO 文章自动撰写

第一步，选择 "Human Written | 100% Unique | SEO Optimized Article" 选项，如下图所示。

第二步，选择 ChatGPT 回答的语言为 "中文"（你也可以按自己的需求选择相应的语言），如下图所示。

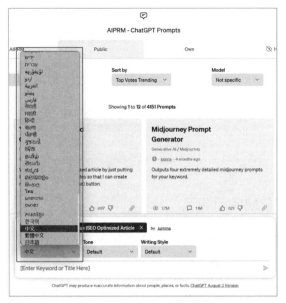

第三步，在 ChatGPT 对话框中输入"请你介绍一下夏日连衣裙。"，如下图所示。

第四步，等待ChatGPT插件AIPRM进行回答即可。

🔟 **提问：** 请你介绍一下夏日连衣裙。

🌀 **回答：** **概述**

在夏季，连衣裙是最受欢迎的服装之一。它们不仅穿着舒适，还可以让女性展现出优美的身材线条。本文将介绍夏季连衣裙的种类、材质、颜色、搭配和购买建议。

夏日连衣裙种类

夏季有很多不同种类的连衣裙，适合不同的场合和气氛。长款和短款连衣裙都很流行，不同长度的连衣裙可以带来不同的效果。吊带连衣裙和背心连衣裙非常适合夏天，让人感觉凉爽。此外，飘逸的长裙是夏日的经典款式，适合在海滩或度假场所穿着。

夏日连衣裙材质

选择合适的连衣裙材质可以让你在夏天保持凉爽和舒适。棉质连衣裙是夏季最受欢迎的选择之一，因为它们舒适，透气性好。丝质连衣裙可以让你看起来更加优雅，但是要注意丝质材质通常需要特别的维护。麻质连衣裙是一种环保且舒适的选择，而涤纶连衣裙可以保持形状和颜色不褪色。

夏日连衣裙颜色

夏季连衣裙的颜色应该轻盈、明亮和生动。白色是经典的夏季连衣裙颜色，因为它能反射阳光和热量，同时也很容易与其他颜色的配饰和鞋子搭配。粉色、淡蓝色和淡黄色等浅色也是不错的选择。鲜艳的色彩，如红色、橙色和紫色，可以增加活力和活泼感。

夏日连衣裙搭配

配饰可以使穿搭更加生动和丰富，如项链、耳环、手镯和戒指等。鞋子是夏日连衣裙搭配的重要组成部分，高跟鞋适合正式场合，平底凉鞋适合休闲活动。包包也是一个非常重要的元素，可根据需要选择大的或小的，搭配合适的颜色和样式可以使夏季连衣裙更具个性和时尚感。

夏日连衣裙购买建议

如何选购合适的连衣裙呢？首先，选择好的连衣裙材质，保证穿着的舒适度和透气性。其次，根据身材线条选择合适的款式，可以更好地展现自己的身材优势。最后，要遵循自己的风格和审美标准，选择自己喜欢的颜色和设计，才能穿出自己的独特魅力。

这里以"夏日连衣裙"为例，AIPRM 插件为我们构建了清晰的大纲，涵盖了款式、面料、搭配和未来趋势等话题，因此通过 AIPRM 插件，你也可以轻松获得出色的 ChatGPT 回答，无需深入学习复杂的 Prompts。利用 AIPRM 插件，只需选择合适的提示词卡片，就可以轻松获得想要的答案，进一步降低了与 AI 对话的学习成本。

12.2 WebChatGPT：让ChatGPT联网的神器

WebChatGPT是一款可以让ChatGPT联网，并获取更加全面和实时的信息的插件。通过简单的安装，可以让ChatGPT拥有更广阔的视野和更强大的能力，更好地助力你的工作和生活。

12.2.1 WebChatGPT使用介绍

WebChatGPT是一款 Google 浏览器的插件，下面介绍该插件的使用方法。

1. Web acess（联网开关）

在打开的界面中单击下方的"Web access"开关，即可让ChatGPT获得在线数据。此外，"Web access"开关右侧还有 3 个下拉列表按钮，向右依次表示选择信息回复条数、选择搜索信息来源、更多选择，如下图所示。

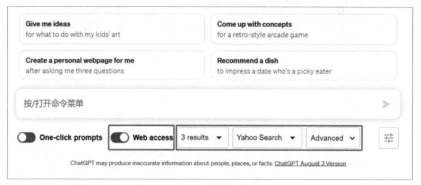

（1）选择信息回复条数表示对一次提问选择可以生成多少个回答，用于控制回答的数量，如下图所示。

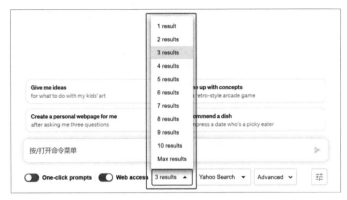

（2）选择搜索信息来源：在此下拉列表中可以选择自己喜欢的信息来源网站，比如可以选择谷歌或者雅虎，分别对应于下拉列表中的Google Search和Yahoo Search，如下图所示。

（3）更多选择：在该下拉列表中，我们可以选择预设的提示词、语言、地区来源、时间、深度的选项，进一步提高ChatGPT回答的精确程度，如下图所示。

2. One-click prompts（提示词大全）

单击左下角的 "One-click prompts" 开关，ChatGPT 页面就会显示中间的卡片选项，即用户可以选择的 ChatGPT 指令，和 AIPRM 的插件一样，包含了指令名称、指令分类、上传者、上传时间等，如下图所示。

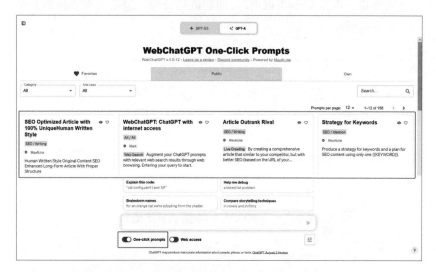

12.2.2　WebChatGPT 使用演示

第一步，单击下方的 "Web access" 开关，即可让 ChatGPT 获得在线数据，如下图所示。

第二步，提问需要基于即时信息的问题，比如报告、新闻、天气预报等，这里向 ChatGPT 提问 "请你简述一下 2022 年的中国消费市场分析"，如下图所示。

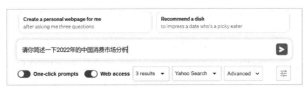

第三步，等待 WebChatGPT 对问题进行分析，包括上网查找相关网址，如下图所示。

第四步，ChatGPT 将会基于网址里的内容和问题，进行回答，如下图所示。

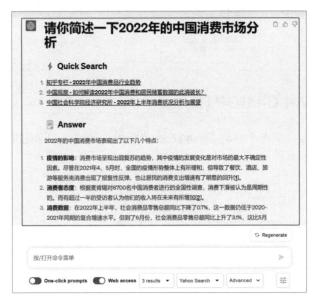

从 WebChatGPT 的回答中，我们看到它能有效地从互联网获取相关信息，整合并给出参考的来源链接以增加回答的可信度。因此，该插件能极大拓展 ChatGPT 的应用场景。

12.3　Voice Control For ChatGPT： 让ChatGPT成为你的口语私教

　　我们在与ChatGPT进行交流时，通常是用文字，然而使用Voice Control For ChatGPT插件可以实现用语音与ChatGPT进行对话，此时不需要通过键盘输入，而且回答也可以是语音。它不但可以解放我们的双手，而且可以是我们的语言老师。接下来，尝试让Voice Control For ChatGPT成为你的AI助手吧。

13.3.1　Voice Control使用介绍

　　Voice Control For ChatGPT是一款可以让你通过语音与ChatGPT进行对话的插件，这就意味着你可

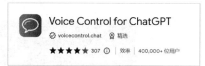

以通过这个插件获得一个精通世界各地语言的老师，甚至能成为你的AI朋友陪你聊天。

　　Voice Control For ChatGPT插件功能共分为以下三个部分。

　　（1）语音按钮：与常见的社交软件类似，只要单击左下角的按钮后，就可以通过语音与其进行对话，如下图所示。

　　（2）语言选择：在语音按钮右边可以选择不同的对话语言，如下图所示。

（3）设置：在页面右下角单击"设置"按钮，还可以选择ChatGPT回答的语速，如下图所示。

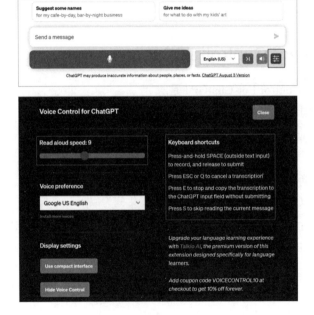

13.3.2　Voice Control使用演示

第一步，在打开的首页中单击下方的语音按钮，如下图所示。

　　第二步，直接发语音，插件就会自动识别你说话的内容，并转化为文本向 ChatGPT 提问，例如，像 ChatGPT 进行提问 "请你告诉我新媒体运营和 AI 的结合点有哪些"，如下图所示。

　　第三步，再次单击语音按钮，ChatGPT 就会通过语音和文本同时进行回答，如下图所示。

┌───┐
　10 **提问：** 请你告诉我新媒体运营和 AI 的结合点有哪些
└───┘

回答： 　新媒体运营和人工智能（AI）的结合可以在许多方面实现创新和提升。以下是一些新媒体运营和 AI 结合的典型应用领域。

　　1. 个性化推荐和内容定制：AI 可以分析用户的兴趣、行为和喜好，从而为他们提供更符合其偏好的内容。通过这种方式，新媒体平台可以提高用户参与度和留存率。

　　2. 智能社交媒体管理：AI 可以用于社交媒体管理工具，帮助用户优化发布时间、内容类型和互动策略，以提高社交媒体效果。

3.自动化内容生成：AI可以用于生成文字、图像和视频等内容。例如，一些新闻机构已经开始使用AI来撰写简单的新闻报道，或者生成图像和视频来支持文章。

4.情感分析和舆情监测：AI可以分析用户在社交媒体上的情感表达，从而帮助企业了解其品牌或产品在公众中的声誉。这可以用于舆情监测和品牌管理。

5.自动客服和聊天机器人：AI驱动的聊天机器人可以用于回答用户的问题、提供帮助，并模拟真实的人际互动。这可以帮助提高用户满意度，同时减轻人工客服的压力。

6.数据分析和洞察：AI可以分析大量的数据，帮助运营团队发现趋势、洞察用户行为，并制定更有针对性的策略。

7.虚拟现实和增强现实：结合新媒体和AI技术，可以创建更丰富、交互性更强的虚拟现实和增强现实体验，从而吸引更多用户参与。

8.广告优化：AI可以根据用户特征和行为自动优化广告投放策略，从而提高广告效果和投资回报率。

9.用户情感分析：通过自然语言处理技术，AI可以分析用户在评论、留言和社交媒体上的情感，帮助了解用户的真实反应和意见。

10.内容审核和监管：AI可以用于自动检测不合适、违规或有害的内容，帮助维护社交媒体平台的秩序和安全。

11.实时互动和投票：在直播或活动中，可以利用AI技术实现实时互动、投票和反馈，提升用户参与感。

这些只是新媒体运营和AI结合的一些示例，随着技术的发展，还会有更多新的创新应用出现。在整合AI技术时，关键是了解目标、了解用户需求，并确保技术的应用能够增强用户体验和业务效果。

总的来说，ChatGPT的插件市场正在不断壮大，未来必定会涌现更多的插件，为用户提供更加丰富的功能和更加良好的体验，让我们拭目以待吧。